非營利組織災害援助服務

從零開始

災害 ◢◣ 安置服務 ◢◣ 復原重建 ◢◣ 防/備災

謝祿宜、胡詠新、李祈恩、陳皇廷、
吳秉翰、黃盈豪、財團法人賑災基金會　著

　　2019 年對於臺灣民眾來說，應該是個非常沉痛且需要謹慎追思的一年，因為它剛好是九二一震災 20 週年及莫拉克風災 10 週年。而這二場災害除了對居住在這塊土地的鄉親們造成永難磨滅的災害以外，也促使臺灣民間的非營利組織與政府同心協力，從無到有地摸索出一套與政府部門分工合作的災後援助模式。

　　九二一地震發生之後，國內各民間組織紛紛以自身的專業能力投入災後的援助工作，而其中，統籌運用民間捐助政府善款推動各項援助工作的財團法人九二一震災重建基金會，以及努力揭櫫各民間組織運用指定捐款使用狀況的全國民間災後重建聯盟是特別值得注意的，前者充分顯示民間力量對於重大災害後復原工作的推動，可以充分彌補政府必須依法行政下所可能產生的種種限制；後者則是透過監督與檢視，除了提高民間組織捐款使用的透明度外，也成為日後民間組織籌組聯盟共同合作的濫觴。

　　莫拉克風災發生以後，廣大的中南部山區及沿海地帶均成為重災區，民間組織再度發揮彌補政府部門必須依法行政所導致的彈性不足。首先是以民間組織結合公部門共同合作興建永久屋社區，以協助受災民眾獲得相對安全的居住環境，更有以中華民國紅十字會總會（以下簡稱紅會）為首所籌組的八八水災聯盟，結合國內一百多個民間組織，並以彼此間資源連結的分工合作方式進行各種整合式的服務，從最基礎的食、衣、住、行，到更進一步的生計發展，皆透過合作機制，滿足災區民眾形形色色各種需求。

然後，從莫拉克颱風到現在，整整又過了 10 年，在這段期間臺灣陸續又發生了幾次重大災害，例如 2014 年高雄前鎮氣爆事件、2015 年的八仙粉塵爆燃事件、2016 年的 0206 高雄美濃地震、2018 年的 0206 花蓮大地震等，而在這幾次重大災難發生後，都能看到國內民間組織立即自發性地組織救災團隊，或進駐災民安置處所提供援助服務，或發起援助行動提供後續服務，同時，援助的層面也從早期以物資、金錢為主的經濟援助，拓展到災後心理健康，生計等等的全面重建服務，災後援助服務也逐漸成為許多民間組織積極投入、研發服務項目的工作領域。

　　不過，我們也逐漸發現，災後的重建復原援助工作除了少數如財團法人中華民國佛教慈濟慈善事業基金會（以下簡稱慈濟）、財團法人台灣世界展望會（以下簡稱世展）、社團法人中華民國紅十字總會等機構擁有較豐富的經驗甚至有專責的業務人員外，大多數的組織機構或由於募款不易，經費不多而使組織編制有所限制；或由於災難性質而投入援助（例如財團法人陽光社會福利基金會之於八仙粉塵爆燃事件中的大面積燒燙傷患者）；又或者因為地緣因素對於當地有一定的情感依附（例如兩次 0206 地震都有許多地方性協會組織投入援助），大致而言，多半的民間組織還是採取專案模式的臨時任務編組方式，投入災後援助工作，也因此往往會產生亂象，諸如人員更迭頻繁，例行業務與專案業務衝突，因而造成組織內部運作上的紊亂。

　　儘管這些混亂，對於多數民間組織而言，是進行重大災害援助時的必然現象，然而這些現象確實在前述幾個大型、有豐富經驗的組織上較為少見，原因無它，因為經年累月的經驗，使他們掌握進場時機，有充分的事前準備，能夠預估受災民眾需求，甚至連退場時機判斷都已了然於胸。

這也是本會出版本書的目的。本書的作者謝祿宜助理教授，自莫拉克風災以來，一直與民間組織合作進行災後援助的社工服務，並長期關注民間組織在災後援助工作上的發展狀況，而她所邀請的共同撰稿者，也都是長年在民間組織第一線提供服務的工作者與學者。本會希望透過邀集這些專家與實務工作者，將他們多年來投身工作或研究所得的實務經驗與知識，轉化為可供實作參考的工具指南，協助未來有心投入災害援助工作的組織，做好落實援助工作倫理、發展組織能量，並兼顧助人與受助者的面面照顧。

　　最後，希望此書可以確實為有心於災害援助服務的民間組織提供協助，儘管重大災難無法預期，但我們亦期盼能夠永遠以最好的準備來面對它。

　　天佑臺灣！

財團法人賑災基金會董事長

2019.06

——❧ 推薦序（陳序）❧——

　　隨著全球升溫及氣候變遷影響，近年來各國發生重大災害頻繁，且接連多個國家發生強震，造成民眾死傷及經濟上之重大損失。臺灣位處歐亞大陸板塊及菲律賓海板塊交界，地震活動頻仍，且位於西太平洋颱風路徑要衝，常受到颱風、地震、水災及土石流等天然災害影響，再加上都市化、人口過度集中，一旦發生災害，也往往造成嚴重損失。

　　每逢重大災害發生，全國社政人員立即啟動應變機制進行災民收容、民生物資發放募集等工作，在公部門人力有限、災時須處理之事務龐雜的情況下，受災縣市同時仰賴民間非營利組織在人力、專業上的支援，包含避難收容處所內之服務提供、受災民眾慰問、需求調查、資源連結及相關庶務工作上之協助，透過公私協力方式共同面對災害發生所帶來的難關。

　　為強化地方政府和民間非營利組織之合作與聯結，本部訂定「各級政府結合民間團體參與社政災害防救工作注意事項」、「強化對災民災害救助工作處理原則」等行政規則，從災害預防、應變及復原等階段，提出「建立行政聯繫系統、民間資源整合運用、民生物資儲存管理、災民臨時收容安置、災害救助及時慰問、區域聯盟協調運作」等 6 大項工作處理原則，供地方政府執行相關業務有所依循。且本部透過持續辦理全國性災害救助相關研習、研討會及聯繫會議等活動，從公部門及民間團體之角度進行工作經驗交流，強化社政防救災工作中的知能。

　　財團法人賑災基金會自 2002 年成立，主要以運用社會資源，

統合民間力量，協助因天然災害受災地區之賑災為宗旨。近年來該會除了提供災害救助之支援外，更透過定期召開民間組織參與災害防救服務聯繫會報，串聯各民間非營利組織的力量，透過平臺建置，讓未來面臨災害發生時，可以更有效集結相關單位的力量投入災區服務。

今年適逢九二一震災 20 週年暨莫拉克風災 10 週年紀念，賑災基金會透過整理過去服務經驗編印這本書，從災害管理、災害評估、安置服務、安置服務中重建方案形成、組織內部人力資源管理到相關工作人員的身心安頓管理等不同階段的服務，提出可參考之服務流程。本書作為工具書的角色，可以提供願意投身災區服務的非營利組織在整備及參與時的參考，對未來的災害援助工作助益甚深。是為此序。

衛生福利部部長

陳時中 謹識

2019.06

—✦ **推薦序（吳序）** ✦—

　　1999 年發生九二一集集大地震及 2009 年的莫拉克颱風，是震撼臺灣最大的天然災害，前者芮氏規模達 7.3，後者 4 天下了超過 2,900mm 雨量。大地震讓 11 個縣市建築物嚴重損毀，並造成 13,749 人死傷；莫拉克風災衍生的土石流及水災，導致災害面積廣達 8 個縣市，造成 732 人死傷，幾乎涵蓋臺灣整個西南部，同時重創山區部落社區及基礎建設，其中高雄小林村更在一夕之間滅村。這兩起災害我都參與救災，過程中淚水止不住落下，深覺人命的流逝令人感到無能為力，現場不斷迴盪著民眾悲苦的吶喊聲，更讓我久久無法忘懷。由於職務的關係，我一直在思考要如何救災應變，雖然災害現場很快就會恢復平靜，但這並不是災難的結束，而是另一場復原重建之災難學習歷程的開始。

　　每當有大型災難發生時，第一時間除了有大批救災應變人員協助救災外，非營利組織人員及志工也會立即投入災區援助服務，這是臺灣最美的人間風景。至於心理、經濟、生活、就學、就業、居住等各項復原重建項目，更是需要各方組織與人員長期的協助與付出。本書在謝老師熱誠的幫助下，以國際人道援助的架構，並運用臺灣的災害援助經驗，一步一腳印地去解構災難管理最困難的問題，同時說明災害現場援助服務該如何評估，還有各團隊間協調合作的溝通機制、分工及整合，以便進行安置工作，進而發展出適時適地的災後復原重建機制，並見證在莫拉克風災之後，災民最有感的安置、慰撫方式與居住重建問題，這些內容也是作者群對災害援助最深切的體悟。我相信只要是曾經參與過

救災安置重建的人，一定可以在本書中找到縈懷於心的片段。

此外，作者群不避諱的指出，在混亂的災害援助現場，每個人、每個團隊自一開始便處在競爭關係中，從服務地點、服務項目到服務族群的選擇，都存在著競爭的氛圍，然而一旦有人跳出來整合，進而協調分工，便能很快地形成秩序。由於九二一大地震與莫拉克風災都是極嚴重的災害，許多人也會將二者的災害處置方式進行比較。雖然每次的災害狀況不同，但在災害的應變救災、安置、重建、復原等階段，都有可供學習之處。重要的是，在不同時期的災害經驗中，有哪些事項是值得我們記取與學習的？例如就學、就業、醫病、生活方式，和中／長期的原地重建、限制居住／使用與強制遷村所引發之原住民文化與住屋之處置，及河川與水庫嚴重淤積等，都是非常棘手且值得吾人關注的問題。我很高興看到本書將這類實質問題的探討及規劃論述納入介紹，並能將這些寶貴經驗累積及傳承，特為序，以廣為推薦。

行政院災害防救辦公室主任

2019.06.10

由於地球暖化，近 20 年來全球災難頻傳，依據聯合國統計（2018），自然災害已經造成全球 130 萬人死亡、44 億人口受傷，不可諱言的，如何面對災難，有效的防災救災，已經成為全人類不得不正視的重要問題。尤其，臺灣地處地震高風險地帶，加上颱風暴雨帶來的土石流、水災等，這都是我們國人必須面對的日常。

1999 年的九二一大地震、2009 年的莫拉克風災都造成大量人員傷亡，房屋倒塌甚至滅村，農作物和財物損失、家人離散等。這些傷痛，大家永遠記得，可是我們也從這些傷痛中學習了災難評估、災難管理，發展了緊急救助系統、安置服務、災後重建與復原等，這些寶貴經驗，非常值得保留和分享。

不要傷害原則（Do No Harm），當災難發生時，千頭萬緒，熱情志工湧入，資源堆積如山，救災人員、政府官員、非政府組織、各路志工團體、媒體等，這些資源若未透過評估和管理，原本想要救援，卻可能帶來災害。再者，當進入安置、重建和復原期，若未能與災民進行有效的溝通，及有效的整合資源、分配資源，可能也會帶來更多問題和糾紛，也就無法落實真正幫助災民、解決問題了！

在莫拉克颱風的 10 週年，九二一地震的 20 週年，能夠將實務的災難救援經驗，結合相關理論和國際人道援助守則，整理成冊，衷心感謝所有參與的作者和編輯，相信藉由此書的推廣，讓所有想參與人道援助的專業工作者、志工或政府官員等能夠立基於人道援助的共同理念，快速發展共識和目標，建立夥伴關係，

能夠有效救災防災，進而順利災後重建復原，為災民謀福利，為社會謀福祉！

台灣海外援助發展聯盟理事長

王金英

2019.06

作者群心內話

　　首先感謝財團法人賑災基金會的邀請，讓我和撰寫本書的夥伴們可以強迫自己坐下來，好好審視這過往9年中我們經歷過的事；也要對這9年來願意開放生活和生命讓我參與的部落族人和工作夥伴，致上最高的敬意。謝謝大家一路走來的相伴，畢竟災害援助服務的路往往很孤寂也很漫長，可是走在其上也能映照出生命中最深的感動，和人心最強韌的扶持與相陪。對於非營利組織來說，要投入災害援助服務是非常艱難的決定，因為資源往往跟不上需求，然而臺灣是全球少數面對極高災害風險的國家，沒有一個人在災害發生時會是局外人，因此希望透過這本書，開啟在不同災害援助服務道路上行走的大家，新的對話與合作的契機。

長榮大學社會工作學系助理教授

謝祿宜

2019.06

災難和人道援助議題一直都不是臺灣社工教育養成和實務工作中的焦點。在一般的印象中，「災難」似乎也僅是與軍人或消防隊有關。在我大學就讀社工系期間，參與系上南亞海嘯災後重建服務學習志工隊的 3 年經驗，開啟了我對災難及國際援助議題的興趣和關注。我開始思考社工在災難場域中能夠扮演的角色和功能會是什麼？社工能夠為受創的地方與人們帶來什麼幫助？但似乎所有的思考都是模糊且遙遠的。就在 2009 年大學畢業的那年暑假，莫拉克颱風重創南臺灣，同時也開啟了我作為一個社工駐點在部落，投入在災後重建的旅程。

　　記得作為災難社工的第一年，經歷一段非常漫長的適應期。一方面要面對部落內部的衝突和分裂，另一方面要面對外部資源的介入，而必須隨時調整工作角色及投入焦點（尤其是重災區的資源重疊問題），同時也要面對跨文化工作的摸索和理解，以及克服內心對於汛期所產生的恐懼和害怕。這段歷程讓我發現，作為援助工作者，不僅只是滿足受創人們的生活需求和基本服務，也必須保有健康和開放的心理素質來面對超乎自己原有的生命經驗。更重要的是，從不同處境中所堆疊的現場經驗裡，從理解中看見真實的關係和需求，找到更貼近的位置和方法，拿捏與社區「共同」、「一起」的關係和角色，對我而言，這是最微妙也最具挑戰性的。

災難的發生都是突然性的事件，它並不存在於日常，但潛在的風險卻是隱藏在我們的日常之中。災難所牽涉的層面太深太廣，即使我到災難管理研究所進修，仍是千頭萬緒。如何找到將社會工作、災難和環境永續等議題相結合的工作，特別是關注災害與臺灣各個族群和群體間的關係及行動的開展，正是我目前正在思考的事情。所有應對災難的準備，可以小小的做，也可以大大的做，但最終還是必須回到這些行動是否能真正對應到我們對災難與風險的理解和需要。換句話說，如何讓這些理解和準備，融入到我們的日常生活中，我想這才是最重要的。

教育部青年發展署青年諮詢小組委員

胡詠新

2019.06

筆者從八八水災安置營區服務開始接觸災變工作，隨著氣候變遷，政府與民間的災防意識抬頭，越來越多 NGO 組織投身於災害回應工作，往往造成臺灣各種資源有餘，但事前規劃與管理不足的情形。而其中可遇不可求的珍貴經驗更應統整歸納留存並加以應用。

　　但實務上「高風險、高壓力、高流動、低支持」的環境，因著工作人力轉換、任務結束等其他因素而造成災害回應經驗的流失，對於災害風險極高的臺灣寶島，著實是莫大的損失，我們實在禁不起錯誤的歷程重複發生。

　　有鑑於此，筆者希望藉由八八水災的自我經驗之分享與整理，努力重現災害回應現場的實務工作現況與讀者對話，試著在不同的災害中找出相似的脈絡與原則，成為更多投身災防工作夥伴的助益，為了臺灣 NGO 災害回應盡一份心力。

組長，芥菜種會南區服務中心

李祈恩

2019.06

　　1999年九二一大地震時，我還在大學社工系接受培育，2009年八八水災時，我已在嘉義投入大阿里山區的災後援助及重建工作，前後投入災變社會工作領域近10年的時間，回首來時路真是值得數算恩典的時刻，一方面親身見證臺灣在災後援助工作經驗的累積與進步，另一方面也能夠將國內外災後援助與避災自救的專業知能，透過在地化的轉譯過程，融入社會工作的實務操作與教育訓練工作中。非常感謝台灣世界展望會前會長杜明翰先生與董事會的遠見，藉由專責部門（救援與重建事工處）的設立，支持專業技術團隊的發展，得以在臺灣各地區持續推動與深化平時社區防／備災的扎根工作，透過強化社區民眾避災自救的知能，以減少災時造成的傷亡。

　　從事災變社會工作領域的這些年來，在許多災害援助工作先進與師長的指導下，促使我持續進步與成長，我能夠有幸受邀參與本書的撰寫工作，心中實在非常惶恐，但深知災變工作領域經驗傳承與人才延續的困境，因此希望透過本書的出版，為臺灣非營利組織參與災後援助工作，提供相關經驗的分享與參考，當氣候極端化為我們的生活環境帶來超越歷史經驗的嚴峻挑戰時，期待我們仍具有共同因應與抗災重建的韌力，以維持民眾的生存權與基本福祉。最後，我要特別感謝全國成先生這些年來的指導與提攜，讓我能夠成為一位以人為本的災變社會工作者。

社工師，嘉義基督教醫院

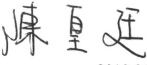

2019.06

過去幾十年，環境與氣候不斷在改變，極端的氣候影響了環境，環境的變遷影響了人的生活，而社會工作所重視的是人與環境間的關係，及環境對人所造成的衝擊，這些衝擊有些是緩慢的，有時卻是突發的。

　　從 2009 年開始投入災變社會工作迄今，在這 10 年中，我經歷了國內各地許多大小的災害，包括莫拉克、天秤、康芮、蘇迪勒、莫蘭蒂風災、高雄氣爆、臺南地震等，從這些工作經驗中，了解到即使是同樣的災害類型，但發生在不同的地點、時間、族群，都會有著不同的需求與回應。而災害回應工作相當多元且複雜，沒有固定的規則、流程，要遵循的只有大方向的原則，以及從過去的經驗中不斷地進行修正。

　　因此當著手撰寫本書時，我思考了許久，該如何從過去的經驗中，整理出一個原則與方向，並分享給各位社工夥伴了解，因此這本書中的內容，皆是在實務工作中所遭遇過的情況，以及相關的工作內容與方法。而在書中除了提到災害回應、災後重建等工作外，同時也介紹了災害防治與社區防災的工作，這也是我在從事災變社會工作近幾年來不斷推動的工作之一，希望透過倡議讓更多人重視防災的重要性，也更能夠了解我們應如何與未來的環境相處，將災害對我們的衝擊和傷害降到最低，更重要的是提升自助以及社區互助能力，期待透過本書，能夠讓更多的夥伴投入災變社會工作領域。

組長，芥菜種會臺南工作站

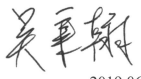

2019.06

　　從九二一大地震、四川地震、八八水災到花蓮 0206 地震，參與這幾次的災後重建工作讓我有機會好好思考人存在的意義，不只是人與環境、人與人、人與社群、人與系統和體制，都因為災難出現了破口和機會，讓我可以更近距離地從災難的現場和災後的重建中一起學習。身體的傷心裡會記住，心裡的傷不只記在身體裡，也透過時間、透過一群人的共同生活和陪伴，找到各自獨特的姿態和出口持續互相關照著，在災難中更能看到人類的光和希望，還有助人工作者（社工）存在的價值。

東華大學民族社會工作學位學程助理教授

2019.06

⟿ 寫在本書最前面 ⟿

　　在讀者開始閱讀這本書之前，書寫團隊有幾個關於書寫的前提與貫穿全書的概念，在此做一交代，希望能夠讓讀者更清楚本書的定位和書寫方式。

1. 這本書的設計是希望作為**有意投入**災變**援助服務**的非營利組織之起始參考，而非試圖去建構一個標準化的工作流程；也不是要去影響已經長期投入災害援助服務的非營利組織本身的工作設計，作者團隊希望本書的內容可以作為未來大家在援助服務上共同對話的起點。

2. 為了能更加清楚地說明災害援助服務的內容，本書各章節是以災害援助服務的主要工作項目來做區分。在實務中災害援助服務提供時，各階段不會有明確的分隔切點，甚至是有若干重疊的灰色地帶，因此災害援助服務是堆疊與循環共存的歷程（如下圖）。

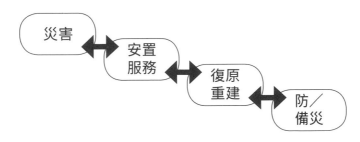

(1) 災害發生之後，緊急救援服務展開；救援進行時，緊急安置服務也緊接在後啟動；在進入中／長期安置服務之後，復原重建的工作也須同步進行；而在進行復原重建的時候，防／備災的工作也不能偏廢，方能確保復原重建的成果，並降低日後再次受災的損失。

(2) 災害的類型非常多元，有些災害的發生是有連鎖反應的，因此在不同的災害服務，其發展路徑也不會是直線前進，而是反覆在不同發展歷程中以「之」字形路線來回於不同的發展階段中，例如地震或連續豪雨所引發的水災。

3. 本書各章節所陳述的**工作期程**都只是立基在經驗的推估，各項援助服務所需的時間會因災害影響的**範圍大小**、災害**類型**、**居民的期待**、**政府政策**、各項**資源投入**和非營利組**織自身營運管理**的情況而有所變動。

4. 本書撰寫設定的**主要讀者對象**是以擁有一定**專職工作**人力的中大型非營利組織；本書所提到的相關內容，對於以志工為工作主力的非營利組織來說，是需要經過更多轉譯的工作，方能有較高的實務參考。

5. 有意願參與災害援助的非營利組織固然擁有各項服務提供的自主權，但**公部門**負有法律上的主導權與**指揮權**，因此**非營利組織參與災害援助**工作有與公部門**協商、對話與合作的責任與義務**。

——◆ 本書章節編排 ◆——

　　雖然臺灣時常面對極高的自然與人為災害風險，而非營利組織也從未在災害援助工作上缺席，但災害援助工作卻是在1999年九二一大地震之後才受到社會高度的重視；其後2009年的八八水災則有更多以社會福利服務為例行工作的非營利組織加入，並在不同的災害階段中提供服務。2019年適逢九二一大地震20週年和八八水災10週年，本書希望能夠整理過去的服務經驗，作為日後非營利組織發展相關災害援助服務的基礎。

　　本書包含10章，主要是希望就災害援助不同階段的服務，提出最基本的服務流程，以作為非營利組織參與災害援助服務的參考。**第一章**，是針對災害援助工作的基礎論述進行介紹，希望協助有心投入災害援助服務的非營利組織，認識當代各國在發展災害援助服務時共同遵守的倫理價值和規範，並能在日後善加利用與發展，藉以完備臺灣的災害援助服務。

　　在臺灣的社福類非營利組織，以災害援助工作為其組織使命者十分有限，多數的社福組織參與災害援助服務是立基在其社會責任之上，許多非營利組織在決定是否參與相關活動都是以受災範圍與災情的嚴重程度作為主要的決策依據。因此在**第二章**，作者團隊以災害評估為重點，嘗試整理出一套在非營利組織既有工作模式下最可能的方式，作為非營利組織日後相關決策的參考。

　　第三章 災害援助現場的競爭與合作：在災害發生的初期，現場是非常混亂的，加上臺灣目前並沒有一個比較有系統的方式

來協助各個不同的援救／援助團體的整合性行動；再加上各個團體在參與災變服務的考量上，除了是社會責任和生命共同體的想像之外，其實也是在延續與落實組織本身的使命與價值，因此在災害援助現場，各團體間往往充斥著既合作又競爭的氛圍，所以本章將針對災害現場非營利組織間如何的串連與分工，以及協力會議的進行來整理出相關的流程作為未來工作的參考。

第四章 災害援助安置服務：安置服務是許多參與災害援助的非營利組織投入最多且參與最深的工作，而安置時間的長短端視災害的範圍與嚴重程度而定，少則數天多則可達數年。本章希望就安置中心設置、主要服務項目，和基礎的服務流程做經驗上的整理，以作為日後的借鏡。

第五章 災害安置復原中的組織工作與重建方案之形成：在提供安置服務的過程中，非營利組織除了扮演服務提供者的角色之外，培力者／使能者也是它很重要的功能。在臺灣，目前我們並沒有例行性提供災害復原服務的非營利組織，絕大多數的非營利組織都將災害復原工作的參與，視為階段性任務。約莫在災害發生後 3～5 年間就會撤出災害服務，回歸其常態性的工作。最後一哩復原重建的路，通常會需要居民自己承擔，所以本章的主要重點會是非營利組織如何進行在地組織培力，和非營利組織如何與居民在互為主體的想像之下，針對復原重建議題達成共識，以及方案設計導入並轉移相關社會資本，來協助居民自立。

第六章 災害援助工作者的身心安頓管理：由於臺灣多數的非營利組織並非以災害援助工作為其主要任務，因此負責的相關工作人員若不是以任務編組方式兼負相關業務，就是以臨時指派方式來接手相關的工作。而無論是哪一種，工作者除了要面對災害現場的高壓和不確定性之外，還要面對如何同步關注既有工作蠟燭二頭燒的困境；若是工作者本身也是受災區的居民，可能還

要承擔家庭與情緒的三重壓力，因此工作者的身心安頓管理是很重要的。本章希望能為合宜的喘息服務之規畫與導入時間進行探詢，期待整理出相關的時間序給非營利組織參考。

第七章 災後生計重建與發展：在災變過程中，原本就是弱勢的居民往往受創更重，而在這之中尋找維持其經濟安全穩定的機會，是他們在療癒過程中最大的想望。然而究竟是要發展什麼樣的工作才能提供符合這些受創居民對於經濟安全的想像，而非營利組織又是如何看待這些需要，都是本章要討論與整理的重點，以作為日後想要參與相關工作組織的參考。

第八章 災害預防與備災準備：沒有人能夠確知下一次的災害何時會來或是以何種形式出現，因此災害預防與備災準備就是社會中每個人／社區／組織在日常中應該做的事。本章一方面將針對非營利組織如何協助其內部工作人員做好災害預防與備災準備來進行討論；另一方面則是希望就非營利組織如何與其他相關團體（尤其是學校與社區）合作推動災害預防與備災準備工作的經驗來整理出可行的流程，以利後續相關工作的發展。

第九章 災害服務與非營利組織內部人力資源管理：在災害服務中，許多非營利組織都投入了無數的人力，如何讓這樣的經驗對組織本身有更大的助益，而非只是服務經驗的累積是重要的；加上隨著氣候變遷的情勢日益明顯與險峻，災害發生的可能與頻率也都隨之提高，因此非營利組織如何針對自我內部人力資源管理做較合宜的調適與安排來因應，從而對組織永續發展做出更大的貢獻，是本章的重點，希望能提供若干可能的建議作為非營利組織日後參酌的基點。

第十章 結論：邁向災害服務援助系統性發展的可能：臺灣是全世界少數面對超高環境風險的國家之一，光靠政府部門或非營利組織的力量，要將災害的損失降到最小是非常困難的事，如

何有效結合大家的力量，讓社會整體能夠共同面對災害，亟需一套有系統的因應模式，因此在本書的最終章，作者群希望能統整本書的各個章節，進而提出一套非營利組織可以相互合作的參考模式，期待能對臺灣未來在發展災變服務有所幫助。

　　由於非營利組織的類型與工作模式十分多元，因此本書主要的讀者設定對象是以社會工作方法為主，且是以專職人員為工作主力的中大型社會福利服務機構。對於以志工為工作主力的社福類宗教型非營利組織或是社區發展協會來說，書中的經驗整理，則仍需要多方的轉換方能產生較多的效用。而其他未能在本書中所提及或發展的議題，則期待來日能有更多不同領域的專精／資深工作者投入書寫。

——❧ 目　錄 ❧——

⚙ 第一章　災害管理與國際人道援助通則

胡詠新 /1

⚙ 第二章　災害評估

謝祿宜、李祈恩 /25

第一章

災害管理與國際人道援助通則

胡詠新

一　前　言

　　隨著氣候變遷、國際情勢帶來區域性衝突的複雜議題，以及各種自然與人為等不同類型的災害所帶來的種種影響，再再挑戰著人類如何與災害共存與共處。根據 2018 年聯合國統計，在過去的 20 年中，光是與氣候相關的自然災害和地球物理災害，就造成了 130 萬人死亡，44 億人口受傷、無家可歸或需要緊急援助。我們已無法否認越來越多的災害早已超出歷史上的災害經驗，同時也考驗著各國發展因應災害的各項準備和應變策略。2009 年的八八水災，除了是臺灣過去半世紀以來面臨最嚴重的災害之外，小林村的滅村事件，更成為我們難以抹滅的傷痛記憶。

　　每當災害發生，非營利組織及諸多民間團體提供的援助行動，皆是各國面對災害不可或缺的重要角色。在臺灣的經驗中，從九二一大地震、八八水災到近年的大型災害，臺灣的救助系統和援助行動都發展出極佳的救災經驗。然而，從人道緊急援助的角度來看，眾多援助團體在災難發生當下，以及災難發生後滿足各項需求的過程中，是否提供適切且符合人道援助準則的援助行動？這些援助行動是否可能造成另一種衝突或傷害？

　　雖然緊急救災及初期重建的關注往往大於對於災前的準備及因應，但我們必須意識到的是，即使在緊急救難及初期重建階段有再完善的因應模式，如果缺乏完整及系統性的政策制定及減災防災的準備也是徒勞無功。我們要重視的不僅是災難發生過後的救災和重建，而是必須整體性的去思考在防災與減災等各階段的準備和各項機制的建立。更重要的是，在災害管理的各種不同

階段，確立目標、制定優先工作任務，並建立在對人的尊重與關懷之核心價值上，才是發展災害回應策略制定上的重要前提與關鍵。簡而言之，是否有意識的發展援助工作，將關乎我們如何理解災害與其所帶來的影響，以及如何發展適切的準備和行動，才能夠真實回應災害帶來的種種影響。

因此，本章將概述三個因應災害的重要概念。第一，將定義什麼是災難、災難有哪些類型，以及因應災難最常見的災害管理週期（Disaster Management Cycle）的各項目標、主要任務及其重要性。其次，以 2015 ～ 2030 年仙台減災綱領（Sendai Framework for Disaster Risk Reduction）為基礎，強調減災工作及永續發展的重要性，同時說明其綱領提出相關工作任務選定的優先順序、步驟與流程。最後，以不要傷害原則（Do No Harm, DNH）為概念出發，關注援助行動中對衝突關係的覺察、分析及加強社區／群體的和平共處，作為因應衝突局勢發展行動策略的重要基底。

二　何謂災難管理

災難管理是一個複雜的過程，涉及到各種專業人才和資源（包括人力、物力、財力）的整合、溝通和管理。換句話說，災難管理需要一項全面且持續性的活動才得以實施及應用，而不是針對個別的災害情況來做因應。特別是當今全球環境面臨多種又多樣的災難危機處境，災難管理有其存在的必要性與特殊意義。然而，在談及什麼是災難管理之前，需先定義什麼是災難、災難有哪些類型，最後關注在災難管理各項階段的重要性。

（一）災難的定義

根據聯合國（2000）對災難（Disaster）的定義為：「一個社區或一個社會的正常運轉受到嚴重破壞，導致一種或多種（如人力、物力、經濟和環境）的損失及影響。」災難的影響可以是直接的或間接的，並可能持續很長一段時間。這樣的影響可能超過一個社區或社會利用自身資源應對的能力，並且需要外部的各種援助。

進一步來說，災害的影響是指在災難期間和災難後立即引發的災害情況，有形及無形的資產破壞都包含在內。例如住房毀壞、道路中斷、基本服務的中斷（如電力、供水、通訊等），乃至受影響地區人們的生存需求（如住所、食物、衣物、醫療援助、社會福利輸送等），甚至是整體國家的政府運作系統、社會與經濟網絡。尤其是對環境的不可逆破壞，以及人類的身心健康及疾病，皆是無形、重大且長遠的影響。例如 2011 年 3 月 11 日日本因地震引發的海嘯而導致核能輻射外洩，即是最典型的例子。

災難不是一個單一事件，它可能會有各種原因和可能引發的後果。它對正常生活模式的破壞，可能是突然的、意外的、廣泛的與嚴重的。考慮到聚焦於災難影響的各種關注與作為，以及各個組織構建自己定義及所關注的應變焦點之必要性，在此將災難的定義聚焦為：「自然、人為或突發事件，其影響嚴重到受災地區／社區／國家必須採取應變的機制。」

（二）災難的類型

當今災難的類型多樣，已遠遠超乎我們在臺灣常經驗到的

地震、水災、火災等自然和人為災害。根據世界物理治療聯盟
（World Confederation for Physical Therapy, WCPT）的描述，災
難主要可分為以下四種類型：

☞ 自然災害：包括水災、颱風、地震、土石流、火山爆發、
火災、海嘯等災難，對人們的生存安全產生間接或直接的
影響。

☞ 環境緊急情況：包括技術或工業事故，通常涉及高風險材
料的製造、生產、使用或運輸過程，同時也包含由人類引
起的森林火災。

☞ 高度複雜的緊急情況：高度破壞力、搶劫和攻擊戰略設
施，包括衝突局勢、戰爭及恐怖攻擊。

☞ 大流行且蔓延性的緊急情況：突發性、大規模且影響健康
的傳染疾病，帶來經濟和社會成本，如霍亂、SARS 等。

此外，就災難的範圍而言，依「2015 ～ 2030 年仙台減災綱
領」可分成以下五種分類：

☞ 小規模災難：僅影響一地區／社區的災難，需要由其他未
受災害影響的社區提供援助。

☞ 大規模災難：影響社會的災難，需要國家或國際的援助。

☞ 頻繁和罕見的災難：取決於發生頻率和特定危害的重複性
及其影響。災害發生的頻率及所造成的影響可能是累積來
的，或者是長期對社區或社會帶來負面的影響。

☞ 緩慢發生的災難：隨著時間推移而逐漸出現的災難。例如
乾旱、沙漠化、海平面上升、傳染疾病等。

☞ 突發的災難：即快速或突然發生的危險事件所引發的。例
如，地震、火山爆發、山洪爆發、化學爆炸、關鍵的基礎
設施故障、運輸事故等。

（三）災難管理週期

由於災難的不可預知性，導致沒有一個國家能夠避免其所帶來的影響。任何災難都可能中斷人們的生活常軌，乃至社會或國家的正常運作。因此，一份準備好的災難管理計畫，則能夠適時地應用在災難前的準備與災難後造成各種層面的影響。

災難管理的目標

1. 減少或避免災害造成的損失及破壞。
2. 確保即時向受災者提供適當援助。
3. 達到快速與有效的災後復原及發展。

「災難管理」係指在減少或避免潛在的災害損失，確保對災害受害者提供即時與適當的援助，達到快速有效的恢復（Corina Warfield, n.d.）。它涉及政府、企業、民間單位及社區／社會本身如何制定政策和減少災害的影響，包含多方的協調合作、規劃、計畫實施、緊急應變、救助、重建與恢復等措施，並在災難期間及災後如何立即反應的持續性過程，發展一系列對策以因應不同階段的需求與發展。

最常見的災難管理有以下四個階段：1. 災前的減災期（Mitigation Phase）、2. 整備期（Preparedness Phase）、3. 災難發生時的緊急應變期（Response Phase），以及 4. 災後的復原重建期（Recovery Phase），形成所謂的「災難管理週期」（詳見圖1.1）。其最終目的，即是減少或降低災難對社會造成的衝擊及影響。

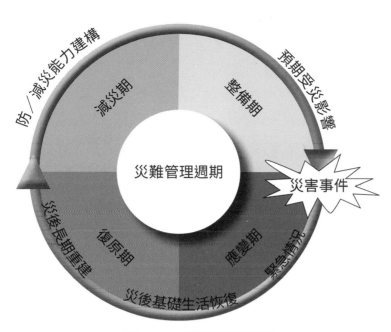

圖 1.1　災難管理週期

資料來源： BYJU'S (2016). Highlights of the National Disaster Management Plan. Retrieved from https://byjus.com/free-ias-prep/highlights-national-disaster-management-plan/ (05/22/2019)

1. 減災期

　　減災階段涉及預防工作或減少災害的威脅及破壞性影響。它需要透過災害風險分析及應用策略，實施具體措施以降低各種危害或潛在危機發展成災難的可能性。此階段很大一部分與國家和區域發展規劃相關。減災措施一般可分為兩類：

　　(1) 結構性措施：為興建實體的防災設施。以土石流為例，如建立防砂壩、導流堤等硬體工程。

　　(2) 非結構性措施：為透過政策、法令或各種管理對策來減緩或轉移災害可能造成的影響。例如建築的使用規

範及安全規範、土地使用管理、環境危害分析與更新、公共政策制定、災害公共教育等，以最大程度減少災難帶來的總體影響。

2. 整備期

本階段著重於在緊急情況發生前所訂定的規劃及準備工作，以建構個人和社區的應變反應及因應能力。這些準備工作是透過制定適當的應對機制、程序和演練，發展短期及長期的策略，由公共教育和預警系統來加強其後勤準備的完整性，包括緊急演習／培訓、疏散計畫、資源清單、儲糧準備、互助機制、緊急醫療服務計畫等。而其有效性取決於對災難信息的認識、危機意識、緊急應對策略的熟悉度等。舉例來說，在 2009 年八八水災的重建階段，在地的行政單位（如區公所）舉辦不定期的緊急演習及建立新的疏散計畫和通報機制，以避免二次災難。此外，諸多投入於返鄉重建的人道主義援助組織，協力在地社區建立汛期期間的應變計劃和互助機制，已成為重建期間的重要服務項目之一。

3. 緊急應變期

緊急應變階段即是在緊急情況期間或緊急情況發生後，採取所有具體、立即與有限的援助行動。受創的社會、經濟等各項層面往往涉及廣大且複雜。災難可能會破壞社區的互助網絡、造成受災民眾的生計中斷、衛生基礎設施的摧毀、住宅被大量破壞甚至消失等情況。此外，此災難情況可能因延續性的潛在威脅而加劇，例如餘震、土石流或流行病等。也因此這一階段通常受到最多關注，結合並動員不同專業背景及不同援助任務的組織團體來共同因應各類的緊急需求，包含挽救生命、物資供給、需求評估、提供臨時住所、緊急醫療照顧、災難心理衛生工作等，滿足受災

人們的基本生存需求。可以肯定的是，人道主義組織在此階段經常扮演最關鍵且最重要的援助團體。然而，此階段並沒有明確的時間段，一般而言約為 **1 至 6 個月**，但這取決於災難的類型、規模、背景及影響範圍而定。

4. 復原期／重建期

本階段是指受影響社區／國家於災後恢復至正常的日常生活及社會運作的過程，涉及整體的恢復、重建和重塑受災區域。隨著緊急情況得到控制，受影響的人口能夠越趨穩定回到正常的生活軌道，恢復生計、重建家園和獲得基本服務。如提供臨時住房、基本服務、家屋重建、長期的基礎設施修復、安全教育、受災及重建相關的資訊蒐集及災難應變機制更新等。

另外，值得注意的是，沒有明顯的時間點能確立何時可由緊急應變期轉變為復原期，乃至進展到長期發展的重建階段。因復原過程可能非常漫長，**需要 5 至 10 年**，甚至是更長的時間。但另一方面，在復原與重建期間將有許多機會來加強人們對減災及相關應對災難的準備工作，以幫助受災社區恢復到災前甚至是更好的狀態。但無論復原期的長或短，最重要的是協助受影響人們的生命支持網絡回到最低標準，同時加強他們應對未來災害的能力。

整體而言，災難管理週期是一個動態的過程，包含規劃、組織、人員配置、領導、控制的管理功能。每個階段的長度取決災難規模及受災的嚴重程度，因此每一階段並非獨立存在，也不是以精確的順序漸進發生，而是相互重疊及相互影響。週期中的所有階段皆建立在適當的準備及行動，以便更有效的預防和降低災難帶來的影響。雖然災難管理無法百分之百完全避免或消除潛在威脅，但缺乏對災難的危機意識和發展適當的應對機制，可能導致人們陷入更大的危機和傷害中。

（四）災難管理為達到永續發展的重要基礎

隨著災害的情況變得越來越複雜，社會、文化和自然環境等多種因素皆增加了與災害相關的風險。無論是自然災害或人為災害，都需要謹慎地應對這些突然且無法預測的災害，並採取適當的災難管理規劃、資源整合、發展因應策略，以及訓練應對災害的人員，同時透過充足的後勤支持、適當的溝通，以及在緊急情況下發展各項行動的指導方針，以減少災害對人類生活、基礎設施、環境和經濟的影響。如果沒有做到適當與適時的準備，各項援助行動將無法滿足人民的迫切需要。

然而，儘管做足災前的準備、滿足緊急階段的各項需求，我們不可忽略災難管理必須建立在永續發展的重要概念上。災難管理的重要目標之一，就是建立在永續性的發展行動上，並將此一目標反映在災難管理週期的各個階段。誠如先前提及，除了在緊急應變期間朝向生計恢復和基本服務及環境的恢復，並應加強社區能力以減少災害風險，降低更大的災難風險。受創的人們不應被視為被動、無助、沒有能力的災民，應建立並發展他們的能力、技能和資源，以減低他們再次面臨災害危機和面對潛在災害風險的環境。因此，災難管理週期應被視為連續性的循環，而不是獨立的步驟。災難管理的行動發展貫穿整個週期，所有行動規劃都建立在持續、永續的基礎上。

三 2015～2030 年仙台減災綱領（SFDRR）

作為第三屆全球減災計畫的「2015～2030年仙台減災綱領」（簡稱仙台綱領），其內容總結過去數十年來全球的災害經驗，發展一系列更為全面且具體的行動計畫，成為全球發展防災工作的重要進展。仙台綱領除了關注減災工作與永續發展的重要性、減緩氣候變遷衝擊的關聯性外，並強調在地社區和人們在防／備災工作中所扮演的關鍵角色。

過去兩屆的全球減災計畫，皆是將「減災」的概念納入制定防／備災行動的核心價值。1994年第一屆減災會議提出「建立更安全的世界：橫濱戰略與行動計畫」（Yokohama Strategy and Plan of Action for a Safer World, 1994），著重建立災害評估，並納入社區到國家層級的減災計畫；2005年第二屆減災會議發表了「兵庫宣言」（Hyogo Declaration）與「2005～2015年兵庫行動綱領」（Words into Action: A Guide for Implementing the Hyogo Framework），進一步聚焦於關注災害韌性，以降低國家和社區的災害風險為主要目標。然而，「兵庫行動綱領」雖已提供重要的指導方針，但仍凸顯出缺乏具體行動目標與優先順序、找出致災的潛在因子，以及應對災難能力建構上的不足。同時，在現今全世界皆面臨資源分配不均、貧窮、都市化、氣候變遷、自然資源的耗竭等多重且複雜因素交錯的背景下，2015年3月18日在日本仙台第三屆聯合國世界減少災害風險大會（Third UN World Conference on Disaster Risk Reduction）上，由2012年利益關係者會議，以及2014年及2015年政府間談判磋商，提

出了可提供國際社會共同強化與整合相關減災行動的「2015～2030 年仙台減災綱領」。

「仙台綱領」除了能讓各國完整檢視和評估減災策略及災難相關政策，更致力於推動永續發展的各項行動。更具體來說，本綱領能應用在各種不同災害風險及災害類型上。其目的在於透過整合各級及跨部門的全面性災害風險管理，更廣泛地關注在「以人為本」（People-centred）的基礎上發展災防策略，期能在未來 15 年內實質減少災害風險和生命、生計、健康以及個人、企業、社區和國家經濟、物質、社會、文化和環境資產的破壞與損失。

「仙台綱領」擴大並延續「兵庫行動綱領」著重的復原力（Resilience）概念，訂定未來 15 年的減災協議，包含了七大目標、十三項指導原則，以及四項優先推動項目。此外，該綱領更特別獨立一個章節，提出利益關係者在減災行動中的重要性。

（一）七大目標

1. 實質降低災害致死率 ；
2. 減少受災人數 ；
3. 減少災害造成的直接經濟損失 ；
4. 減少災害對關鍵基礎設施的破壞，以及基本服務（如醫療、學校）在災時的功能中斷 ；
5. 在 2020 年之前，增加具有國家和地方層級減災策略的國家數目 ；
6. 透過適當與可持續性的支持，強化對開發中國家的國際合作與能力建構 ；
7. 提升民眾對災害風險資訊與評估的資訊之可及性和管道。

（二）指導原則[1]

1. 每一個國家皆須負擔預防和減少災害風險的主要責任，包括透過國際、地區、次區域、跨境和雙邊等合作。減少災害風險是所有國家共同關切的目標，此目標可延伸至透過持續的國際合作，來進一步強化開發中國家在其個別狀況和能力範圍內，皆可有效加強和實施國家的減災政策和措施。

2. 減災需要中央政府與相關國家單位、部門和利益關係人，依據國內狀況和治理制度來共同承擔責任。

3. 管理災害風險旨在保護人民和其財產、健康、生計和生產性資產，以及文化和環境資產；同時促進並保護各項人權，包括發展權。

4. 減災需要整個社會的參與和夥伴關係。對於易受災害影響的族群，尤其是赤貧人口，應提供強化訓練，同時賦予包容性，易於接近和無差別待遇的參與。所有政策和實務上皆須考量性別、年齡、殘疾和文化觀點；並鼓勵女性和青年領導力；為此應特別注意改善公民有組織性的志願工作。

5. 降低與管理災害風險有賴各級部門內和跨部門以及相關利益關係人間的協調機制，並要求在國家和地方層級所有行政和立法機構的完全參與，以及明確的跨公部門與私部門（包括產業界和學術界）之責任銜接，來確保相互拓展、合作、互補的角色以及相互責任和追蹤。

6. 雖然國家和聯邦政府在啟動、指導和協調的角色十分重

1　摘錄自國家災害防救科技中心（2015），《2015～2030 仙台減災綱領》，https://www.ncdr.nat.gov.tw/Files/News/20151008150054.pdf

要，但仍需適當授權給地方政府和當地社區進行減災，包括適切地提供資源、誘因和決策的責任。

7. 減災需要一個能考量多重危害 (multi-hazard) 的方法，以及全方位考量風險相關資訊的決策。上述方法與決策，需基於可公開交換和傳播的分類資料，例如性別、年齡和殘疾等資料。同時，需考量防災資料的易取得性、即時性、綜合性、科學性、非機敏的風險資訊，並與傳統知識互補。

8. 在發展、強化和實施減災相關政策、計畫、實務和機制時，需要針對其延續性，需視情況與永續發展和成長、食品安全、健康和人類安全、氣候變遷和變異性、環境治理等議題結合。減災對達成永續發展有必要性。

9. 依地域範圍來看，引發災害風險的因子可能具有地方性、國家性、區域性或全球性，在決定減災的措施時，須了解災害風險有其地方特性和具體特點。

10. 在處理潛在災害風險因子上，可在公私部門投資時，考量災害風險資訊，比起依賴災後災害應變和復原重建的方式，更符合成本效益，且有助於永續發展。

11. 在災後復原、善後和重建的階段，關鍵在於避免增加風險，並藉由「更耐災的重建」（Build Back Better）和增強公眾對災害風險的教育和意識，來預防並減少災害風險的發生。

12. 一個有效且具有意義的全球合作夥伴關係以及如何進一步強化國際合作，包含已開發國家履行承諾，以落實各項正式發展協助，這對有效的災害風險管理有其必要性。

13. 開發中國家，特別是低度開發國家、小島型開發中國家、內陸開發中國家、非洲國家以及中等收入國家和其他面臨災害風險挑戰的國家皆需要充分、持續和及時提供的支

援，包括來自合作夥伴與已開發國家的協助，其項目包括：金融、技術移轉和能力建構等。這些支援項目必須依照其需求和優先順序，進行量身訂做。

（三）四大優先推動項目

1. 了解災害風險

在災害風險管理的政策和施行中，應立基於對災害風險的全面性理解，包含脆弱性、能力、人員與資產的暴露程度、危害特性和所處環境。透過這些知識進行災前的風險評估、防減災策略制定，以及執行適當的因應措施。

2. 加強災害風險治理，以強化災害風險管理

國家、地區與全球各級的災害風險治理，需有明確的目標、計畫、職權範圍和跨部門的溝通協調，以及利益關係人的共同參與，並藉此促進各機制間和跨機構的合作與夥伴關係，以推動執行相關減災工作與達到永續發展的目的。

3. 投資減災工作，以提高復原與重建能力

公部門和私部門透過投資結構性與非結構性的措施，得以在防減災工作中提升個人、社區、國家及其資產在經濟、社會、衛生和文化方面的抗災能力。它們都可成為促進創新、增長和創造就業的驅動因素。這些措施具有成本效益，有助於挽救生命，防止和減少損失，並確保有效的復原和重建。

4. 增強防／備災的整備工作以強化應對策略，並在復原及重建期間達到「更耐災的重建」

針對預期的事件採取行動，以及將降低災害風險納入應變整備，確保在各層級中開展有效的應對和恢復及重建工作。同時，增強女性及身障人士的權能，公開倡導及推動性別平等及緊急應變、復原及重建等措施的普遍性與可及性。

（四）利益關係者

將利益關係者特別列為獨立章節，是「仙台綱領」相較於過去相關綱領與全球協議中相當重要的進展。其利益關係者係指各類災害需求者，例如女性、兒童與青少年、身心障礙者、經濟弱勢者、高齡者、原住民、新住民等。儘管他們往往被視為弱勢群體，但當他們經歷過災害後的想法與意見，在進行災難風險評估及規劃因應策略過程中，絕對是重要且應被正視及採納的建議。而這些意見將能直接反映出他們在重建家園與重建生活過程中，以最直接且適合的方式，協力他們建立未來應對災害的能力。

綱領中提及利益關係者在災害治理上的角色及定位如下所述：

1. 在相關政策、計畫方案的制定、資源分配及執行工作等各方面應有女性的參與，並同步考量性別議題，方能進行適當的能力建構，以培力女性在防／備災及災後謀生的替代能力。

2. 孩童和青少年應被視為進行改革的媒介。根據立法、國家慣例和教育目的，保障他們應被賦予的適當空間和方式，為減少災害風險做出貢獻。

3. 身障人士及其組織在災害風險的評估、設計及落實相關計畫上尤為重要，特別應當考慮通用設計等原則。

4. 年長者累積多年的知識、技能和智慧，皆是減少災害風險的珍貴資產，應將他們納入參與制定包含預警機制在內的各項政策、計畫和機制設計之中。

5. 原住民能依據其經驗和傳統知識，為制定各項防災計畫、預警系統與應變機制的發展和落實提供重要貢獻。

6. 新住民可透過他們既有的知識、技能和能力，共同參與減災設計，為社區和社會提升抗災能力做出貢獻。

　　儘管上述對象多被視為所謂的「弱勢族群」，然而依據「仙台綱領」的概念來看，綱領中充分展現「參與」和「共同」的價值，上述對象並不應被當作是受援助者、被服務者的被動角色。相反的，他們應被看待為共同建立抗災政策及建構應變能力的重要成員，才得以發展具體且有實質助益的策略制定，也才能落實能力建構的重要目標。

　　綜觀而言，「仙台綱領」發展災難管理的概念是基於治理（Governance）的概念，而非管理（Management）一詞。其強調自下而上及雙向互動的溝通關係，跳脫原有災難管理週期的單向框架，不僅僅只是自上而下的管理方法，並著重於各個向度上對災害風險有更全面性的詮釋和理解。

四　不要傷害原則

　　在災難的情境中，無論是在災難管理週期中的哪一個階段，人道主義組織在所有的援助行動中，都無法避免過程中對可能的衝突情勢所需要的識別能力和決策工作。「不要傷害」原則則

是能夠幫助工作者如何去辨別援助過程中所造成的負面或衝突情況，特別是在決策及行動中將如何影響群體間的關係。因此具備衝突敏感度，是援助工作者所不可或缺的能力。而「不要傷害」的概念，則是建立衝突敏感度能力的重要原則。

「不要傷害」原則源自於 90 年代初期的地方和平能力[2] 計畫（The Local Capacities for Peace Project, LCP），由非政府組織、專家、捐助者和決策者共同合作，並透過蒐集和比較不同領域的援助實際經驗，形成「不要傷害」的原則與架構。它主要應用於衝突情境中，提供人道主義組織進行行動分析，以了解對衝突的影響，並採取適切行動以最大限度減少可能的負面影響。

基本上，「不要傷害」原則是建立在「援助行動不是中立的」之概念上。由於所有的援助行動都牽涉到資源（如食物、房屋、醫療保健、培訓等）分配到需要的地方，而這些資源代表的權力和利益，將可能成為群體中衝突的因素之一。可能有些人試圖控制和使用這些援助資源來助長衝突的情況，並削弱另一方／對立方的力量。假使援助團隊無法識別這些援助行動和資源成為衝突的原因，這樣的援助計劃可能造成傷害，甚至加劇衝突。但是，如果援助團隊調整行動方式且進行資源轉移，將能夠促使當地社區／群體的和平，並透過將衝突的各方聚集一起，以減少可能導致的衝突、分歧和緊張情勢的根源。

整體而言，「不要傷害」原則能夠幫助人道主義組織更專注於如何有效地提供援助，以及身為援助者如何意識到在衝突情境中提供援助的可能影響，以幫助及減少群體間的衝突和關係的惡化。與此同時，我們必須了解，「不要傷害」原則並不能使事情變得更簡單。「不要傷害」原則並不是解決衝突的救命丸，人道

---

2 地方和平能力（Local Capacities for Peace）：係指一個團體、組織或社區從衝突與緊張關係中恢復到和諧與和平的條件。

主義工作者更不是解救群體衝突的救世主，畢竟衝突情況的產生包含許多複雜的因素。雖然援助行動可能成為衝突的因素之一，但也可能與衝突因素無關。該原則是在幫助我們如何面對及處理衝突環境的複雜性，從不同角度的思考與分析中做出適當的決策，透過行動的調整減少挫折感和更樂觀的看待所處的衝突情境。

在「不要傷害」原則手冊（CDA Collaborative Learning Projects, 2004）中，提及了過去經驗中運用該原則的時機和幫助，同時也提出了原則七步驟。

應用的時機點：

☞ 主要場景應用在容易發生衝突、衝突中及衝突後的種種局勢。

帶來的幫助：

☞ 使我們在沒有進行衝突分析的情況下，能更快發現援助帶來衝突的影響；

☞ 提高對援助現場群體關係的認識，使我們更有意識地幫助人們共處；

☞ 展現計畫決策之間的關聯（關於在哪裡工作、與誰工作、如何設定被援助者的受助標準、在當地僱用誰、如何與地方政府聯絡等）；

☞ 提供一共同參考點，讓我們能夠依循並同步考量援助過程對衝突帶來的影響，並能夠凝聚工作團隊與當地的合作夥伴的關係。

發現：

☞ 使我們有能力辨認在衝突情況惡化時，援助計劃的決策與行動中可能存在的問題。

不要傷害原則的七步驟是由過去多名援助工作者的經驗而來。其步驟是能協助我們畫出援助與衝突關係的工具，可用於規劃、監測和評估人道主義援助與援助發展計畫。

該原則屬於描述性的工具，可以幫助我們達到三個主要目的：

1. 透過經驗來識別不同訊息的種類，以理解援助行動將如何影響衝突關係；

2. 以視覺方法來組織這些訊息的種類，以凸顯實際與潛在的衝突關係；

3. 幫助我們有能力預測不同決策所帶來的影響。

> ### 七步驟概述：
> ### 衝突背景下的援助規劃
>
> - ◆ 步驟一：了解衝突的背景。
> - ◆ 步驟二：分析與識別衝突線與緊張局勢。
> - ◆ 步驟三：分析連結者與地方和平能力。
> - ◆ 步驟四：分析行動計畫細節。
> - ◆ 步驟五：分析援助計劃對衝突背景的影響。
> - ◆ 步驟六：解構與分析原本的援助計劃。
> - ◆ 步驟七：測試與發展適當的援助計劃。

第一步：了解衝突背景

第一步涉及辨別出哪些衝突是具有破壞性或危險暴力的。每個社會／社區都有不同身分和利益關係的群體，並與其他群體相抗衡，但是這些差異並不會直接表現出衝突關係。先就衝突背景進行了解，有助於我們認知到援助計劃對衝突局勢可能導致的影響或破壞。例如，了解援助地區的地理位置、社會空間與援助計畫的關聯、行動計畫與衝突背景的相關性、了解哪些群體間的衝突將可能導致暴力或危險，甚至導致更多衝突或暴力事件。

第二步：分析衝突和分裂情勢，以及辨別緊張情勢因素

一旦了解了社會／群體中的衝突原因，下一步就是分析什麼因素導致緊張與分歧。有些分裂的情況或分裂的群體之間產生緊張與衝突的根源可能已存在許久（根本原因），而其他因素可能是最近的、短暫的或由群體領導人操作導致（近因）。這些因素可能來自許多方面，包括經濟因素、地理環境、人口結構、政治或宗教等。換句話說，這可能是社會內部存在根深蒂固的衝突，也有可能是外部因素造成。因此，了解人與人或群體與群體間的區別和分裂因素至關重要，這將影響我們如何發展援助計劃，而這些援助行動如何減少這些緊張情勢。

第三步：分析連結者（Connectors）與地方和平能力

第三步是覺察與分析人們／群體如何分裂。在衝突情境中，某些衝突的人、事、物依舊是彼此關聯。例如群體間的共同經歷、歷史事件、人際關係等。即使是相對中立的職業身分（如學校老師、神職人員）或團體（如教會），依舊無法避免或排除他們於衝突網絡之外。然而，他們的存在可能會為衝突局勢帶來新的溝通媒介與可能性。因此，識別這些重要角色有助於評估所有援助的介入行動，重新理解他們在衝突關係中的可能角色與功能。

第四步：分析援助計劃細節

這一步驟則是聚焦於全方面檢視援助計劃的所有細節。包含援助的原因、地點、工作團隊（內部與外部）、這些工作者如何被僱用、誰是預定的被援助者、按什麼標準提供援助、由誰決定、如何提供援助、資源的規劃與分配（由誰獲得、誰失去）。在此要特別提醒，援助不會是整個計畫行動的程序出錯，通常造成影

響的會是對於細節規劃的輕忽。

第五步：分析援助計劃對相對方（Dividers）[3] 和連結者的影響（使用資源轉移和隱性道德信息的概念）

第五步驟則是開始分析援助計劃各個部分與現有方案（相對方／緊張情勢與連結者／地方和平能力）之間的關係。例如，該計畫如何影響相對方與緊張的局勢？這些行動與連結者跟地方和平能力之間的關係。

第六步：重新思考援助行動以消除負面衝突

在經過上述幾個步驟之後，如果我們的援助計劃凸顯了這些行動，加劇了分裂情況，我們必須考慮如何發展與提供能消除分裂和衝突情勢的有效方法。如果我們發現忽略了當地的重要關係人與地方和平能力，則需重新調整原有的援助行動。

第七步：測試援助計畫內容和重新規劃

一旦我們選擇了更適當的援助計畫，則是我們重新檢視與分析相對方及連結者的重要關鍵。這一部分我們需要再次思考，這對衝突的緊張局勢可能造成的潛在影響是什麼？以及對連結者與地方和平能力將造成什麼影響，才得以發展最佳的援助行動。

整體而言，「不要傷害」原則是一種社區參與的過程，這將有助於在過程中加強當地的和睦關係。雖然該原則的概念容易掌握，但要使工作團隊能夠以此視角覺察、檢視分析援助與衝突的關係，需要透過長時間的訓練及實際經驗的累積，才能進行各種衝突分析與行動發展。如果可以掌握衝突的相關資訊，則能夠大

3　相對方：係指不同立場的個人、團體或組織。

幅降低工作人員與社區的風險，建立和睦局勢的基礎。事實上，作為分析工具的「不要傷害」方法在國際人道主義及發展組織中已被廣泛應用。

非營利組織往往會站在主動提供援助角色的立場和思維，但這可能陷入「我們認為這些援助對你們有幫助」的誤想，且無法貼近服務對象真實的感受，特別是在緊急援助階段及長期重建發展階段。「不要傷害」原則可以提供援助團隊發展一個有意識並減少衝突及產生負面影響的援助行動之重要基石，並藉以協助非營利組織理解背景、看見需求、擁有識別、評估及分析衝突情況的能力、尊重受助者的想法和意見、建立對等及合作的關係。

五／小 結

各樣災害成因的複雜度，挑戰我們如何透過系統性的組織、適當的管理機制以達到更完整的因應模式及發展災害的回應策略。尤其是位於特殊的地理環境，同時受到產業發展的影響、極端氣候及環境變遷衝擊下的臺灣，必須更有策略性的發展災難因應模式。

災難管理週期的四個階段，提供因應災難全面性且持續性的具體方向及目標，並能應用在不同的應變階段，也是作為援助機構及人道主義組織發展災難的應變策略，最基本但卻最重要的依循架構。同時，仙台綱領關注減災工作與永續發展的重要性，強調人們是參與防／備災工作的重要角色，並提醒我們如何從多維度、多面向來完整檢視與評估相關的應變策略，重視人們參與和防災的能力建構，達到更耐災的重建目標。然而，這一連串的規

劃、準備與行動中，並不能僅靠政策與法規的制定、興建硬體設施，或是短期性／暫時性的滿足災後需求，而是災後如何管理災害風險、喚起大眾防／備災的正確觀念和因應能力的建立，更是考驗我們如何與災難共處的關鍵。除此之外，作為援助團體的我們，應拋開身為援助者主動角色的思維，才能夠有意識的辨別援助行動中可能帶來的負面影響，並有智慧的在衝突情境中找到適切的行動計畫。

　　過去臺灣經歷了許多災難，無論是政府或是民間團體都積累了豐富的應變經驗。從最初被動的搶救作業，提升到主動性的災難資訊分析和預警工作，皆在不同的災害中展現其有效功能。然而，災難多元且易變的特性，加上目前的防災體系、防災政策以及援助系統的分散，凸顯出臺灣面對災害事件仍未有共同的思維和依循。災難管理四階段、仙台減災綱領，以及「不要傷害」原則正是作為我們發展更完善的災難管理機制的依據和基礎。我們無法改變臺灣處於易致災性的高風險位置，但我們能夠透過更完善的應變機制及因應能力與災害共處。

第二章

災害評估

謝祿宜、李祈恩

一　前　言

　　在臺灣可能發生的自然災害，除了颱風和暴雨會有較長的預警時間外，其他的災難都難以預測。然而即使可以預警的災害，也很難準確判斷其所帶來的損害。以八八水災事件來說，它雖然是伴隨著颱風而來的豪雨所造成的，但因為最初雨量的預估與實際降雨有顯著的落差，使得臺灣中南部受創嚴重，光是在高雄地區 3 天內雨量就超過 2,500 毫米，多處道路中斷、橋樑損毀、溪流暴漲及潰堤。因為水災發生剛好是當年的父親節，又是周末，全臺公私部門基本上處於休假狀態，在災難發生的當下，多數是由受災區非營利組織分支機構的工作夥伴率先到達災區並回報總會，且同步啟動緊急援助的服務。

　　在八八水災的經驗裡，可以看見三種援助服務啟動的模式：
1. 在地草根組織（團體）自助自救模式；
2. 在地非營利組織服務啟動與同步回報總會模式；
3. 服務聯盟模式。

（一）在地草根組織（團體）自助自救模式

　　這類型的組織大多是在地的社區發展協會、慈善會或是宗教團體，由於他們是直接受到災害衝擊，所以在確認自身安全無虞之後，就會立即啟動自助互助的鄰里式災害援助服務，但因為他們的人力和物力極為有限，所以通常是以自身經驗和所見到的事

實作為災情判斷的標準。

（二）在地非營利組織服務啟動與同步回報總會模式

這個模式通常是在各社區／區域駐點辦公室／工作站的非營利組織會採用的方式，例如世界展望會、家扶基金會和慈濟基金會，都是在災害發生時由它們的在地分支辦公室（或以慈濟來說就是社區志工小組），作為第一線回報災情並且先行啟動服務的單位。然後總會會派出負責災害相關的服務團隊進行災情的整體評估，並擬定後續各項的服務計畫與接手後續的指揮權，此時在地分支辦公室的工作者就成為第一線的服務提供者。

（三）服務聯盟模式

八八水災服務聯盟[1]應該是臺灣在面對許多重大災害以來，第一次從災害發生起就以正式系統式組織工作的模式來進行災害援助工作。八八水災服務聯盟由許多非營利組織共同發起，以聯盟的形式進行災情判斷與評估，並作為與公部門災害相關情資彙報接收的單一窗口，協助統整各項資訊，作為參與聯盟的非營利組織後續工作協調與分工的基礎。

但無論是哪種形式，非營利組織的在地工作者(社工)雖然經常性的與服務對象接觸，但往往因為工作的關係，對於服務區

1　2009 年由 512 川震臺灣服務聯盟 (川盟) 成員召開共識會議，隨後在中華民國紅十字會總會主導下，於 8 月 19 日召開第一次大會，在川盟的運作基礎上，成立「八八水災服務聯盟」，至 2011 年 2 月止，共有 130 個團體盟員。聯盟依成員的性質共分為 10 組，其中的社工／社區組由時任海棠文教基金會陸宛蘋執行長擔任召集人，主要成員多為社會福利服務類的非營利組織。

域資訊的掌握相對有其侷限性。為了避免災情判斷回報的偏誤，組織其實需要一套可以快速蒐集災情狀況的系統來協助工作的進行，並且需要在平日就能與在地組織互動及資訊交流，當災害發生時才有辦法快速啟動地方資訊回報網絡，協助工作者掌握災情與判斷，以便發展接下來緊急援助服務的對策。

二　災害現場評估的要素

　　由於災害援助服務需要與時間賽跑，尤其工作者是在災變現場協助救災團隊進行第一線的服務，因此災害簡易評估必須要能在最短時間內有效率地完成，因此借用非營利組織熟悉的方式來進行評估，會是一種可能的選項。以社福類的非營利組織來說，社區資源調查的技巧是大多數專職工作者（社工）相對熟悉的，因此以人、文、地、產、景為基礎，再加上安全的要素來簡易評估地區受到影響的程度，有助於非營利組織描繪出一個較為精準的災害現場與規模的實況。

（一）在人的部分

　　受災群體的背景與人數大約有多少？他們的人口特性為何（包含生理性別、5 歲以下及 5 ～ 14 歲兒童、懷孕及哺乳婦女、65 歲以上）？在此人口群中，是否有邊緣人口（如女性戶長、孤兒、身心障礙、疾病、老年人、少數民族等）？他們有無特殊需求？目前的危機事件是如何影響到他們？有關健康與受壓迫的問題，這些受災的群體面臨的最大危機是什麼？哪些機構在協助處理？

（二）在**文**的部分

　　災民中是否有特殊的家庭、種族、宗教信仰或其他族群？是否有特別難以接觸的群體？誰是聯絡／諮詢的關鍵人物？是否有社區成員或長輩是災民領袖？是否有當地機構（如教會、部落或其他在地組織）可參與決策等。

（三）在**地**的部分

　　受災地域範圍有多大？受災的情況是什麼（土石流、淹水、屋損等）？後續的受損情況為何（土石流停住了嗎？有餘震嗎？房屋是否持續偏移等）？動、植物受災的情況為何？在地原有常設避難設施受損情形／目前可供使用狀況？

（四）在**產**的部分

　　在受災範圍內的農、林、漁、牧、工、商等產品或產業活動被影響的情況。

（五）在**景**的部分

　　具特色的自然景觀或人文古蹟、歷史是否受到毀損？被毀損的情況如何？

（六）在**安全**的部分

安全評估分為「環境安全」與「人身安全」二部分。「環境安全」是指非營利組織工作者進入服務地點時，他們的安全是否能得到最低限度的保障（例如建物是否安全、發生餘震之安危、土石流潛勢區域等）？或換個角度思考，此地點提供服務是否合適？是否在可能造成救難風險之交通路線上？開放空間是否有維安議題？大量堆積物資可能會造成潛在的危險，如坍塌等。如果工作人員無法在安全的環境中工作，就沒有辦法提供受助對象最合宜的服務。「人身安全」係指非營利工作者進入災區服務，有可能帶著資源（水與糧食、物資、現金等）同行，若無法公平的分配資源或滿足受災者的需求，有可能會發生現場失控混亂、工作者受到辱罵、威脅與利誘，甚至會有身體傷害之情事發生。援助的工作者是否有事前的相關準備（風險意識）也是非營利組織需要考量的。

除此之外，如果非營利組織本身擁有訓練有素、可以解讀相關資訊的工作者，亦可結合當代科技（例如空照圖、空拍機）所得的情資來增加組織對災情的判讀。

藉由這樣的簡易快速評估，再佐以在災害發生地的組織原有工作人員相關資訊的回報，非營利組織就能對災害現場有一個比較全面性的理解和掌握，將有助於未來與居民的對話和後續工作排程，以及資源募集／動員的規劃。

至於非營利組織如何在極短的時間內（1天內）就能將所有的相關資訊掌握到位，取決於其防／備災工作的落實。相關的資料其實都是在平常時期就應該逐步建置與定期更新到組織的資料庫之中，因為這些資料也是非營利組織日常自我發展、工作者方

案撰寫和資源開發的重要基礎。以八八水災來說，其發生主因是颱風所帶來的豪雨，而颱風和豪雨都是目前少數能夠被預測掌握的天然風險，因此在預報發出後，組織就可以逕行從資料庫中做資料勾稽的準備，一旦有災情傳出時，可以即刻取得作為交叉比較的基礎。另一方面，如果組織內部設有災害服務相關的任務編組，可以在災害發生的當下立即出動，進行快速的訪談與現場勘查，並同步取得公部門公告的相關資訊來進行評估的工作，為組織決策小組提供第一手的資料，並作為組織判斷是否投入災害援助服務的重要參考。

三　災害現場評估的流程

由於災害援助服務有極高與時間賽跑的壓力，因此一旦決策小組做出參與援助工作的決定之後，整個組織就必須立刻行動。然而在災害現場資訊其實是瞬息萬變的，因此服務啟動後，還要持續回報相關的消息給決策小組，讓決策小組可以即時做出最合適的回應與調整，來作為服務執行的引導。此外，非營利組織雖然擁有完全的組織運作管理自主權，但災害服務工作最高的法定權力主導權還是在公部門，因此當公部門有特定的災害協助服務要求時，非營利組織是需要適時配合並做出調整的。

除了單一組織針對災害發生時的自主行動之外，八八水災也出現臺灣第一次以聯合平臺的形式：即八八水災聯盟來啟動災害援助服務。八八水災聯盟的成員，除了經由平臺交換各自掌握的情資外，也接收來自公部門的資料，進行資料彙整，並由聯盟擔任單一窗口，同步與公部門再次確認相關災情的最新處理狀況

後，就會展開各小組的工作會議，進行不同非營利組織間的工作協調與分工，讓所有的災害援助服務可以順利展開，且減低服務輸送時資源重疊與分配不均的情形。

也因為藉由八八水災聯盟作為直接與政府對話連結的窗口，聯盟的成員就可以簡省自行進行各項情資比對的工作，還可同步交換不同組織間所掌握的消息，協調彼此的工作，讓組織投入災害援助服務的成本能有比較好的控管，也使得援助服務可以展現出最大的效果。

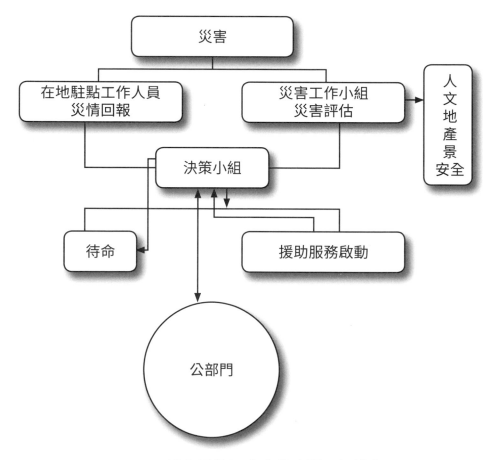

圖 2.1　災害援救服務啟動（單一組織）

資料來源：作者整理。

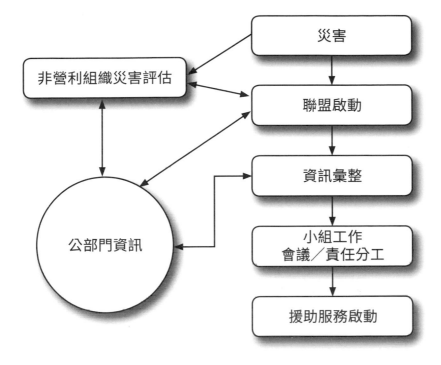

圖 2.2　聯盟服務啟動

資料來源：作者整理。

四　非營利組織參與災害援助服務自我評估

　　非營利組織在參與災害援助服務時，除了要對災害的規模與受影響的範圍有所掌握之外，也應該對於組織本身的服務量進行相關的評量，以確保組織例行性服務的品質不會受到影響，同時也能善盡組織的社會責任。有關組織本身服務的量能評估，大致可以分為三種不同的災害援助服務來探討：

（一）參與災害現場的緊急援助

由於災害現場的服務多數集中在對於緊急搜救人員的物資協力、受災者家屬親友的慰撫和相關受災資訊的再確認，因此生活物資的掌握通常是進入現場布建工作站的基礎，加上**災害現場物資徵用已是公部門的法定職責之一**，因此除非組織本身有常備的日常生活物資，或是長期以來有提供急難救助物資服務的單位，否則不建議參與災害現場的緊急援助工作。同時，如果受災區並不是組織熟悉的服務場域，非營利組織是否要參與第一線的災害現場緊急援助也需要仔細評估，因為災害現場通常是混亂且帶有極高風險的，冒然搶進有可能會讓救災行動受到若干影響。再者，如果機構的例行性服務是需要配合法律規範的相關期程來進行的（例如高風險服務），建議盡可能以支援服務的形式參與，對於工作者和例行服務品質來說會比較有保障。最後是災害現場的緊急援助是高工作張力的服務，參與的工作者必須要有極好的跨部門溝通協調與資源連結的能力，同時**參與者也須保有高度的工作彈性**，以隨時因應現場狀況做出調整。從莫拉克的經驗來說，非常多的組織與團體前進到受災區可達之處的最前線（例如旗山國中），讓現場秩序難以控管，其中若干組織本身因沒有既有物資可以提供援助服務，而進行大眾募集，反而讓大量湧入的物資成為工作者最大的負擔。

（二）參與安置服務

如果機構考慮的是參與後續的安置服務，首先需要有快速調動工作人力配置的可能，因為安置服務短則數天，長則可達數

年，而且面對心裡惶惶不安的受災民眾，安置服務工作人力是極重要的穩定力量，因此能夠快速調動工作人力，卻不影響機構日常服務和社工對原有服務對象的服務承諾，就會是很重要的考量。由於在安置期間相關的訊息會不斷的湧進，**工作者必須要有轉譯資訊和與資訊對話的能力**，方能作為災民與資訊間的橋樑，協助安置服務順利進行。同時機構必須評估本身的墊償和志工管理能力，因為安置服務的提供所涵蓋的層面極大，從日常三餐的供應到休閒娛樂活動的帶領，都是需要投入的成本，然而這些成本不會馬上就可以請領到經費，因此組織本身如果沒有較好的墊償能力，冒然投入安置服務，其實會對組織日常工作的推動造成新壓力。從八八水災的經驗中，可以看見承接安置服務的機構，除了有參與八八水災聯盟的成員外，都需要自行墊付相關的食材和其他日常支出，後續再跟當地公部門請款，也讓組織例行性服務的資金周轉承受到極大的壓力。

（三）參與復原重建工作

　　至於復原重建工作的參與，可以算是非營利組織投入災變服務最大的挑戰，因為它通常是長期的承諾，而且對於許多非營利組織來說，服務對象和服務都較為單一，例如服務高齡長輩或是兒童，且多只是著重在福利服務的提供。但在災變的復原重建階段，組織要面對的是不同的服務對象和全面性的日常生活需求，因此相當挑戰非營利組織既有的工作模式和管理思維，至於組織是否願意為了災變服務而調整原有的組織文化，將會是組織是否能夠參與復原重建工作的評估重點。再者，沒有任何一個災害情況是一模一樣的，即使造成災害的起因相同（例如都是水災或地震），因此組織必須在重建的過程中不斷地與公部門既有政策／

措施對話，同時也必須肩負起對社會大眾負責的義務，因此組織是否有形成工作論述並參與倡議遊說的意願，也是重要的考量基點。就八八水災的復原重建來說，永久屋從建築到後續入住，其實有很多的爭議，協助復原重建的非營利組織工作者除了作為提供資訊的中間協調人外，也需要針對公部門相關政策提出建言，並協助居民自我意願的表達（倡議），唯有讓社區的聲音被聽見，讓不合宜的政策得以被修正，復原重建的工作才能被落實。

五　小　結

　　災情評估是參與所有災害援助工作的基礎，非營利組織愈能掌握相關的情資，就愈能有效的判斷其投入災害援助服務的程度。一般來說，中小型的非營利組織因其所能掌握的資源有限，要能在災害發生的當下正確判斷災情，需要依靠平時資料的累積和事先的準備工作。資源相對豐厚的組織，若有可以解讀高科技圖資（例如空拍圖）的工作者，則可在第一時間及時準確的判斷災害影響程度，進而協助組織做成災害援助參與的相關決策，並啟動相關的服務。只是非營利組織必須理解，投入災害援助服務固然完全是其自主意願的表示，但政府仍掌有各災害服務的法定主導權與責任，因此非營利組織是有義務要與公部門保持密切的互動與合作關係，尤其是在緊急救援和安置服務的過程，非營利組織需要尊重公部門的指揮與協調，方能讓災害援助服務以最快速、最安全和最方便的方式到達有需要的民眾手上。

表 2.1　非營利組織參與災害援助服務簡易自我評估表

緊急援助	安置服務	復原重建
1 常備基本生活與急難救助物資 有□ 無□	1 具有可快速進行工作調整之員工 有□ 無□	1 長期投入的承諾 是□ 否□
2 災區與常態服務區域重疊 是□ 否□	2 工作者具備轉譯／多元文化工作能力 * 是□ 否□	2 發展社區工作模式之意願 高□ 低□
3 服務提供不受限於法律規範之特定期程 是□ 否□	3 投入快速分析與回應政策的意願 是□ 否□	3 具備發展非特定服務族群的服務想像 是□ 否□
4 人員既有工作調整具彈性 是□ 否□	4 具備高機動志願服務人力召募與管理能力 是□ 否□	4 具有高度跨界合作與組織串連之意願 是□ 否□
5 具備與其他部門溝通協調、資源連結和工作彈性 是□ 否□	5 具備災變服務所需之資金暫時墊償的能力 是□ 否□	5 形成工作論述並參與倡議與遊說的意願 有□ 無□

* 簡單來說就是工作者必須要能夠與受災民眾一起工作的能力，例如確實地理解其生活情境、需要與文化脈絡，而非只是從數據或表象來思考。

資料來源：作者整理。

第三章

災害援助現場的競爭與合作

謝祿宜、陳皇廷

一 前 言

　　在災害發生後，不論是公部門或是民間組織，通常都會在最短的時間內趕赴救援。正因是在極短時間內的各自動員情況，因此在災害現場各單位服務站的布建狀況，其實是相對混亂沒有章法的。以八八水災來說，在各受災地（區）雖然都有軍警協助拉出管制線，但在管制線外不同類型的援助團體和組織，並沒有一個可以共同遵守的通則來布建他們的工作站，無論是提供物資補給的單位，還是慰助協尋的團體都希望能搶進現場，使得災害現場更形混亂，為參與第一線搶救的工作者在工作動線與喘息空間的運用上帶來不少困擾。即使是八八水災聯盟成員以聯合服務單一窗口的方式來設立服務據點，依然是要在眾多團體工作站中進行卡位，才能勉強占有一席之地，因此災害援助現場的各項服務，如何可以更有效的相互串接與彼此協力是本章關注的焦點。

　　在第一時間搶進現場的單位大多是由該組織的駐地工作者帶領，而不同單位的工作者間有不同程度的相識度，因此這些駐地工作者會運用自己的社會網絡，以非正式的互動方式彼此互通有無。然而災害援助所需的物資與人力是十分龐大的，因此每一個組織其實都背負著極大的責信壓力，如果沒有一個正式的通則可以被共同認知與依循，即使是第一線的工作者彼此間有串連的意願，也無法產生最大效益，因為他們還要依據組織主體性和規範來進行服務的提供。因此如果沒有在平常（ 防／備災時期）就讓有意願參與災害援助工作的團體有共識和工作協調機制的確立，同時很明確傳達給該組織各層級的分支單位理解，在相關組

織進駐災害援助現場後，要再來串連的成效是會受到影響的。

　　以八八水災來說，雖然八八水災聯盟是臺灣災難史上第一次非營利組織以聯盟形式在災害發生後啟動服務，但它成立的時間點是在災害發生後幾天（8/19是正式的成立大會），而且核心成員和指揮中心其實都在臺北，然而重災區大多集中在臺灣南部，因此成員中也有不少早在聯盟服務啟動前就進駐到了災區，導致聯盟重要的溝通與協調的功能無法被完全具體呈現出來。此外，在臺灣近年來的大型災害現場，亦可看見學者與專業團體代表穿梭其中，由於他們本身的社會資本和客觀中立的立場，因此他們通常也會扮演串連不同非營利組織對話與協調工作的角色。然而上述這些並不是立基在制度之上，因此合作共識和工作協調機制的設立，最佳的推手其實並不是民間部門本身，因為非營利組織彼此間競合關係原本就存在，加上服務的成效與組織日常運作管理和資源募集的能力有高度的直接關係，因此如果能由公部門擔任召集、中介與推手，在平常時期就定期地與有意願發展／推動相關服務工作的團體互動，理解各民間團體的組織高層對於組織串連合作的想法與意識，將有助於災害發生後，各組織工作者在援助現場串連工作的進行。畢竟第一線的工作者和學者／專業組織的權限是有限的，要能在災害現場與其他組織／團體做出有效的協商，需要得到本身組織高層／公部門的授權與支持，否則即使有再大的意願與別人一起工作，串連這件事還是很難被實現。

二　組織分工與協調

　　組織分工與協調基本上可以分為二大部分來討論：工作站設

置的區位選擇，還有以受災居民與家屬為中心的服務分工。

（一）工作站設置區位選擇

在災害現場，除了**公部門因職權關係**設置相關的封鎖管制區外，其實臺灣目前對於參與援助服務的組織可以在何地設置服務工作站，並沒有相關具體的規定，因此在同一個區位，常常看到各式組織工作站交錯設置、比鄰而居，因此也會出現相互干擾或動線彼此影響的情況。然而**愈靠近管制區**的區位，其實就是緊急搶救人員最重要的進駐區位，若要進駐這個區塊，最好是以能夠**支援搶救工作**的進行，同時提供相關人員後勤補給與喘息服務的非營利組織為佳。假如是規模稍大的災害，只要環境條件許可，搶救工作其實都會日以繼夜（至少在黃金 72 小時內）不斷輪替的進行，因此進駐在這個區域的組織／團體，若是可以針對搶救工作人員的需求提供服務，將會是最能發揮功能的。在八八水災的經驗中，可以看到國軍或民間救難工作者，擠在有限的空間裡，而身旁不停地有不同相關援助組織工作者或民眾穿梭其中，其實是很難得到較好的喘息的。

另一個常見的現象是熱心的民眾以一己之力（或少數朋友一起）提供餐食服務給搶救工作者，這對救難工作者固然是很大的鼓勵和溫暖，但可能會有食安的風險，也容易造成民眾加入一起排隊的情況，讓救難工作者好好喘息的難度增加。另外災害搶救現場往往需要進駐協助的單位有比較快速的／正確的**救災器材和機具調配與支援**的能力，才能讓搶救工作更有效的進行，而不用再分撥出工作人力來處理大量湧進的相關器材或機具。在八八水災的經驗中，曾經有搶救團隊釋出有頭燈需求的訊息後，短短的1 小時內就湧入了大量的支援，結果搶救團隊還需要有人手來去

處理這過多的協助。因此未來如果能讓參與援助服務的團體，對於工作站設置區位有一定的共識，讓願意以搶救服務工作者為中心的工作站可以被優先設在緊鄰管制區的後方，全力支援搶救工作的進行；而在這個區位之後，再協調其他以災民本身服務為中心的團體進駐。例如跟公部門簽有委託服務的組織，他們需要協助災民在離開災區後第一手身分資料的登記，或是能提供災民簡易保暖／餐食服務和後送工作的單位，讓被搶救出來的居民，能夠即時被安頓下來。最後距離管制區的最外圍，則是由其他願意投入慰撫和支援的單位進駐。這個區塊的服務相對多元化，它可以從等候消息的家屬服務，到對於所有參與援助工作相關人員的紓壓服務、媒體服務和物資中繼站等。

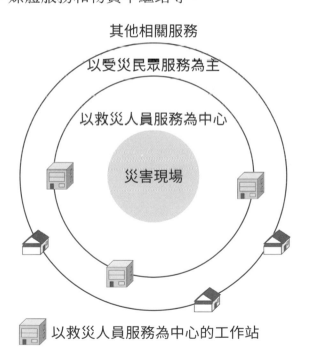

圖 3.1　災害現場服務進駐區意示圖

資料來源：作者整理。

（二）以受災居民與家屬為中心的服務分工與資訊交換

在災害現場以受災居民與家屬為中心的服務是眾多社福／慈善類非營利組織參與災害援助服務的出發點。一方面，許多受災居民原本就是非營利組織的服務對象；另一方面是非營利組織受到自身使命／願景與社會責任的驅使所致。不論是何者，這些組織的工作者（含志工）都希望能直接／第一時間提供災民與家屬最貼心的服務。然而災害現場的混亂情況，會讓這件事很不容易被落實執行。有些受災民眾可能會受到過多的關注／打擾，增添壓力；而處於灰色地帶的受災居民又往往容易被忽略。在八八水災的經驗中，可以發現有些居民／家戶在災前即接受來自不同組織的協助，因此在受救離開災害現場後，往往會受到不同團體的工作人員相關的訪視與資料更新；而某些自行脫困的居民卻又等不到任何單位的協助。因此最理想的合作模式是由**公部門來主導進行**，然後再經由**協商會議**分派**授權**給後續參與的非營利組織接續服務。但這往往受限於公部門人力有限和災害現場的多變而難以達成。因此最可能的方式，是在平時（防／備災）時期，公部門就能與有意願／能力在災害現場設立工作站的非營利組織（尤其是以協力搶救工作為主的組織）達成某種程度的共識，視災害現場搶救動線的狀況，來決定是由單一非營利組織主導所有相關災民的身分登錄和初步需求調查，或是由數個非營利組織共同合作來進行。但無論是哪一種，在完成當天的調查工作後，所有參與調查的工作者都必須出席當天晚間的工作協調會，將所得的資料彙整後，交付給公部門妥適保管。由於臺灣目前在《**個人資料保護法**》施行之後，對於組織蒐集民眾個人資料的行為有嚴格的管理規範，因此**非營利組織**非常**不適合**在第一時間自行蒐集保管

災民的身分和需求資料。再者，由公部門統一管理也能確保當需要後送災民至中／長期安置中心時，移交的基本資料得以齊備，使得後續服務工作的推動更容易。

三　初步需求調查流程與項目

在提供給受災居民的服務中，首先要做的就是初步的需求調查，而這部分是針對居民在受災後的立刻需要進行調查，至於後續在重建過程中的需要，則可以等到下一階段安置服務或重建方案發想的階段再來處理。一方面是災民在受災之後，恐懼和焦慮的心情很難讓他們有餘力去周全的思考；另一方面，他們也需要先安頓目前首要的生活需求，之後才有餘力去釐清後續的需要。因此在這個階段中，負責進行調查的非營利組織必須以精簡、不過度打擾，且非以社工專業需求調查的方式來工作。

初步需求調查的簡易流程如下：

（一）調查人員（訪員）資格與人數確認

在**公部門的主導**下，不論是由誰來執行需求調查，調查人員的資格都是需要被重視的，並應力求災民的個人資料不致外洩。因此最佳的調查人員人選會是公部門／非營利組織的專職社工（或行政人員）；其次是長期受機構災害援助服務培訓的志工團；最後是相關專業單位支援的志工（例如回應社工師公會徵召以個人名義前往支援的社工師／社工）；最不推薦的調查人選是緊急召募而來未具相關訓練的志工。為了確保調查的品質，**公部門應**

協助核發相關**識別證件**予調查人員，除了人員資格外，訪員人數需要依災害規模來設計。一般而言，初步需求調查的表格填寫雖是簡單的工作，但訪員必須具有高敏感度、傾聽與同理的能力，才能在初步需求調查的過程，避免造成二度傷害。

（二）訪員訓練

由於緊急安置現場的空間有限，而且經常性地處在高壓與混亂中，所以訪員訓練的引導人必須能夠在最短的時間內進行有效的溝通和釋疑，確保訪員在表格填答的一致性和穩定度。

（三）調查與資料檢視彙整

每日調查完成後，單一受訪區內的訪員需要共同進行資料的檢視與資料彙整的工作，力求調查表皆能被有效填答，否則隔日應立即進行後續補正的工作。

（四）資訊集中交付與資訊判讀

相關資訊交付給主責單位的時間點，最理想的狀態當然是當日，但這個目標很不容易被達成，因此會需要在訪員訓練的過程中進行協商，並與訪員們取得共識，以求在最短的時間內完成交付與資料判讀的工作。

（五）後續分工與協調會議

當主責單位完成判讀之後，應立即召開後續分工與協調會

議，以利工作接續進行。例如災民若是在受災之前就有接受不只一家非營利組織的服務，主責單位必須能夠調整出在災害援助期間的單一互動窗口，以降低災民被打擾的機率。

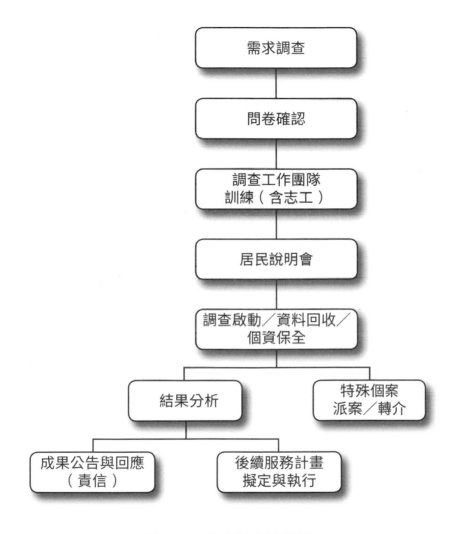

圖 3.2　需求調查流程圖

資料來源：作者整理。

　　而在初步需求調查的主要項目有以下二大部分（簡要範例如表 3.1）：

1. 簡易基本資料：例如姓名、目前的連絡電話、住址、暫時安置地點等。
2. 立即需要協助的事項：例如協助就醫、證件／災損申辦等。

表 3.1　初步需求調查表

訪談人員：	訪談日期：
受訪人姓名： 性別（請依其自述註記）： 宗教信仰： 族群：	連絡電話： 住址： 目前暫居：
急迫性需求： 家人／親友協尋　　　□是　　□否 註記：視受訪者狀況，可收錄其家人／家戶受災情況 關懷訪視　　　　　　□是　　□否 協助就醫　　　　　　□是　　□否 就業／就學交通　　　□是　　□否 災損申報　　　　　　□是　　□否 證件辦理　　　　　　□是　　□否　　（見備註二） （其他請自行增列，例如隨身藥物／假牙、寵物安置等）	
備註一：福利身分： 　　　　服務機構／連絡人：	
備註二：證件 　□身分證 　□戶口名簿 　□健保卡 　□地籍資料 　□銀行帳戶、提款卡 　□其他：	
備註三：其他（例如特殊飲食需求：穆斯林／糖尿病）	

資料來源：作者整理。

這表格並沒有針對物資需求來設計，是因為臺灣目前只要是居民離開災區進到緊急安置站，就會在第一時間收到日常生活基本物資補充包，受災居民不需要刻意就此部分表達意見。但後續如果有特殊或個別化的需求，則會依其意願給予必要的協助。

四 ╱ 小　結

　　隨著非營利組織的多元蓬勃發展，除了傳統中大型的非營利組織外，在地型的小型非營利組織也在各地區不斷創立，在社會整體資源有限的情況下，各組織為了爭取足夠的資源與掌握一定的服務對象，以維持非營利組織的持續運作，實際上各型態的非營利組織長期均處於競合關係。政府部門應運用平時（防／備災時期）邀請願意從事災變服務工作的各類型非營利組織，透過彼此認識、建立互信、事先協商、協作演練與傳達核心的方式，為災變服務工作中，各種非營利組織的協調調度預作準備，以期發揮所有組織服務能量的最大綜效。

第四章

災害援助安置服務

謝祿宜、吳秉翰

一般來說，災民在撤離災區後，經過公部門(或非營利組織)簡單的身分登錄／核對後，首先會依其依親意願表示，協助依親；如果居民不願或無法接受親友的協助，就會被安置到在災害現場附近的臨時安置服務區，等待被送往較合宜的中繼安置中心，因此災民待在**緊急安置**服務中心**少則數小時，多則數天**，之後即會轉進到中／長期安置中心。以八八水災當時的經驗為例，從高雄桃源、那瑪夏撤離的民眾，首先送到旗山國中，緊接著被移往由佛光山等民間團體提供的處所暫時落腳，最後集體遷移至軍事營區接受服務。不論是在旗山國中或是民間團體所提供暫時安置空間，都可以看到許許多多的非營利組織在其中穿梭。非營利組織固然是為了提供災民最好最快的服務，但也因為數量龐大且沒有可以相互協調的機制，造成不少混亂。在進到軍事營區安置之後，一方面因為是軍事單位，所以有一定的管制措施；另一方面是當地**政府**在協調緊急搶救業務之餘，快速地將安置中心的服務**委託**給特定組織（在當時高雄縣是以八八水災聯盟為窗口），並確認為安置中心運作的對話窗口，才讓百家爭鳴的狀況得以緩解，使安置中心服務工作能夠順利進行。

二 安置中心設置與權責分工

　　安置中心的開設是政府的法定職權，因此在平時就應先針對安置中心空間進行規劃與評估 。當災害發生後，當地負責安置中心開設的公部門[1]會視災情的狀況來進行安置中心是否開設的判斷。一旦決定開設安置中心後，會先由**公部門**人員做最**前端的工作空間布建**，之後就會開放給所有有意願參與災害援助服務機構進駐。

　　一般而言，當安置中心開設完成後，會有二種情況，其一是中心作為臨時安置之用。這部分公部門對於進駐的單位大都沒有太多相關規約的要求，因此除非有公部門或是參與其中的非營利組織（個人）願意主動出面邀約所有服務提供者共同協商，來減少對災民的打擾和讓服務的成效最大化，否則百花齊放的狀況就會持續到臨時安置中心關閉為止。這類的安置中心，大多會選擇在學校、體育館或活動中心等相對開放的空間，人員的進出管制極少，安全性也較低，相關的設備／設施也相對簡單，因此非常不易管理。**政府部門**在開放的安置空間雖不易取得第一時間的完全主控權，但若能快速掌握災害情資並掌握現場秩序，進而就協力資源進行有效的分配，將有助於整合安置中心的工作推動，也會對後續的管理有所助益。

　　其二是安置中心有成為中／長期服務空間的準備。在這種狀況下，公部門就會視它自己的工作人力調度情況來決定是否將

1　通常會視情況由各地鄉鎮市公所來協助並負責開設安置中心的相關
　　事宜，地方政府則從旁協力。

安置中心的主要管理工作委託給非營利組織來協力。在正式的委託關係成立後，受委託的單位除了要馬上展開進駐中心的各項準備工作之外，也需開始負責召開會議，邀請目前已經在同一空間提供服務的夥伴團體，來共同協商日後中心的運作方式和服務內容。這類的安置中心，大多會設在軍事營區、私人場域（飯店／旅館）等出入管制較為嚴格的空間，居民受到的干擾比較少，相關的設備／設施也比較齊全。安置中心受託單位也必須要告知災民委託單位所賦予的管理權責（和災民或災民代表召開會議、簡易公告等），統一窗口也能幫助災民快速有效率的傳遞訊息、表達需求。

　　不過，政府自 2019 年起將大力推動防災士培力工作，其中賦予了防災士有參與緊急收容安置中心的開設與服務的角色，因此未來不管是公部門或非營利組織，都需要對於所在服務區內有多少人具備防災士資格的資訊有所掌握，否則緊急收容安置中心的開設與服務，可能會比目前百花齊放的方式更加多元，也會對相關業務的協調有更多不利的影響。

三　安置中心進駐準備

　　在政府負責將需要被安置的住民平安送抵安置中心之前，接受**政府的委託**進駐安置中心的非營利組織，需要展開相關的進駐準備工作。總體來說，安置中心約莫可以區分為二大區塊，一是服務空間，二是受安置民眾的生活空間。首先要討論是相對簡單的服務空間之準備。服務空間除了需要有各項服務明確的標示和說明公告之外，還要有消防與逃生安全公告。再來就是如何與其

他原有提供服務的組織協調服務空間的配置問題，建議要有明確且統一的聯繫窗口。如果有服務會涉及到個人私密性問題的部分，則需注意如何保護其隱私且回應其個別化需求。針對特殊的服務需求如果無法於第一時間送達，則需變相思考如何將服務的觸角延伸至合宜的生活空間當中，例如意見箱、樓層內線、E化服務工作建置等。

其次是受安置民眾生活空間的安排。一般而言，當機構同意接受委託之後，公部門就會交付受安置民眾的相關資料，非營利組織一方面要根據這些資料進行空間的調配外（例如肢體障礙者需安排平面樓層或平面加高的床位、家庭式空間、獨居男女分開空間），也需要注意民眾個資的保護。同時要預留與規劃居民的各項活動空間，例如手機充電站和交誼廳（電視設備）等。為了避免在安置居民空間的安排上觸犯了在地文化、信仰，或固有的民族習慣等，可徵詢居民代表的意見與想法，盡可能在極大變動的環境中，保留原來的脈絡。同時，在中／長期的安置過程中，餐食服務的議題，會是最需要注意的。除了食品安全衛生外，若是安置中心內有供居民烹調的空間，則還需要注意相關的消防安全和廚餘處理議題。因此進駐準備需要有專門的人員負責，才能在緊迫的時程中做出最合宜的規劃，減少後續服務的障礙。

最後要提醒的是，目前許多公部門會把安置中心的選址設在學校或社區活動中心，若遇上安置時程與學校上課時間／活動中心使用有所重疊，則公部門需要負起與校方／社區協商空間使用的事宜；接受委託的非營利組織則是要負起居民生活管理，使其不干擾正常的校園／活動中心運作的責任，才能讓安置服務順利進行。

表 4.1　安置中心應設之基本空間

辦公空間／設施	住民空間 （公共空間）	住民空間 （個人／家庭空間）
1.諮詢台（服務台）／布告欄	1.廚房區	1.單身居住空間（男、女分開）
2.會議空間	2.衛浴區（洗衣）	2.家庭居住空間
3.行政辦公室	3.茶水區	3.特殊需要族群（獨居老人、獨居身障者等）
4.物資管理空間（含輔具租借）／物資進出通道	4.餐廳區	4.哺乳站
5.工作人員喘息空間	5.文康／視聽區（電視、卡拉OK等）	5.托嬰站
6.飲水機	6.充電／公共電話區	6.理髮／按摩
	7.醫療區	7.生理（性）需求專區
	8.運動空間	8.寵物安置區
	9.垃圾場	
	10.停車場／交通車接送區	
	11.清掃／雜物置放處	
	12.教育／課輔空間	

資料來源：作者整理。

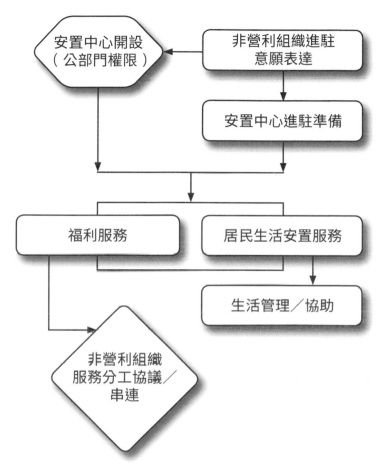

圖 4.1　安置中心開設流程

資料來源：作者整理。

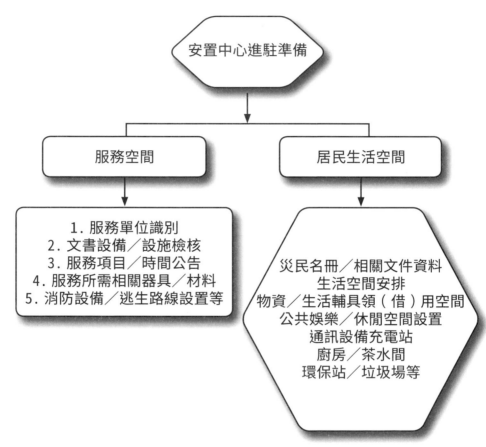

圖 4.2　安置中心進駐準備

資料來源：作者整理。

四　工作分工與協調

　　無論是在臨時安置中心或是中／長期安置基地，都可以看到熱心服務的非營利組織／工作者的身影穿梭在其中。以八八水災的經驗來說，從旗山國中到順賢宮、佛光山，皆可看見不同的非營利組織設攤進行服務。然而每個組織除了針對民眾的需求做出立即反應之外，其實也都背負著組織本身的使命，以原有服務作為基點進行相關的服務，例如有服務兒童、長者機構和身心障礙朋友的機構，會依據其例行工作內容來加碼服務項目的提供。因此如何能確保所有居民都能得到關注卻又不被過度打擾，就成了進駐在安置中心的非營利組織需要共同承擔的任務；因此**服務對話平臺**的建置也會是這個階段重要的工作。

　　在安置服務過程中，約莫有二種會議對話平臺需要被建立起來。第一類是針對臨時安置服務分工的，主要由**公部門主管機構作為召集人**，召集各進駐的非營利組織對它們自己的工作項目和服務意願進行分工協商，讓所有進入到臨時安置服務基地的居民，都能有適當的關懷與陪伴，並能對居民所表達的需求，做初步的彙整，之後可以將進駐組織在安置基地所提出的需求，帶到例行性的跨部會／組織的連繫會報中去陳述，讓整體的服務工作可以達到最大的效益。如遇有重大事件，例如疫病風險控管或住民轉住中／長期安置中心，則需另行加開特殊／重大事件分工協調會，以期讓所有相關資訊透明公開，藉以減少不必要的臆測或衝突的發生。

　　第二類，則是由**承接**中／長期安置中心管理的非營利組織來

主導召集。一旦非營利組織確認了它與公部門的**委託關係**後，應該由該組織的決策單位主管主動邀請參與臨時安置服務的所有工作團隊，進行後續服務提供的意願／承諾的共識會議。一方面作為該組織在中／長期安置中心空間規畫的參考，另一方面也作為後續服務分工的基礎。當居民進駐中／長期安置中心之後，主責的非營利組織應辦理住民會議與工作管理會議，讓安置中心的工作可以順利進行。

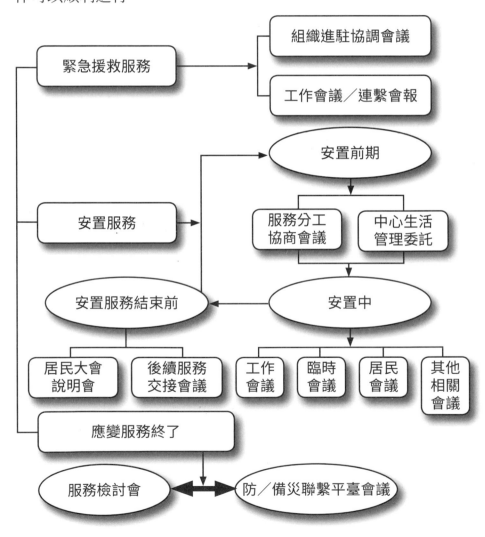

圖 4.3　工作協調會議

資料來源：作者整理。

第一次的住民會議，應在居民進住完成的當天辦理，除了介紹工作團隊與基地的各項服務／設施之外，更重要的是共同生活公約的討論與確認，還需要同步展開邀請住民參與安置中心公共事務的工作。在確認生活公約後，也需確認例行性的住民會議召開的時間和地點，以方便住民參與後續的會議。若遇到與住民權益相關的重要議題或事件時，需加開相關的會議，讓居民能對相關資訊有所掌握。除此之外，主責的組織也必須進行每日的行政管理會議，檢討每一天的工作和對服務提供的相關觀察報告，來對安置中心管理服務進行滾動式修正。尤其在中／長期安置的過程中，或有住民因返家或依親而有安置人數上的變化，主責單位必須要能確實掌握資料。同時在八八水災的經驗中也發現，一旦有相關慈善組織宣布何時會到安置中心進行現金／物資發放與慰訪，也會引發安置中心住民的騷動與不安，對於主責單位在整個安置中心管理上帶來莫大的挑戰，因此主責單位也需要針對特殊／重大事件進行會議討論，以期讓整個安置服務有較好的品質。

此外，由於八八水災也是第一次有非營利組織以聯盟的方式參與安置服務，因此組織內部如何進行組織內成員的工作分配與協調，則需視組織的相關規範來進行，而所有跨組織／部會的協調會議則應由聯盟代表成員在匯集內部共識後代表出席，同時在參與相關的會議之後，詳實地將資訊帶來組織內部會議進行宣達與後續事項的討論與協調。此外，在中／長期安置服務中，除了受委託非營利組織及共同合作夥伴單位外，也要有公部門相關單位進駐合作及支援，才能真正以最便捷、完整的方式為居民提供服務。

圖 4.4　災後援助服務相關利害關係人

資料來源：作者整理。

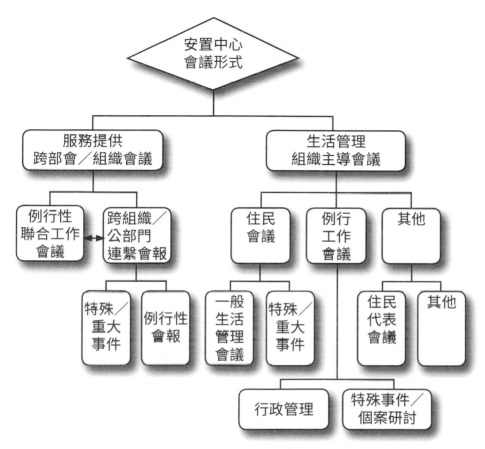

圖 4.5　安置中心內部會議

資料來源：作者整理。

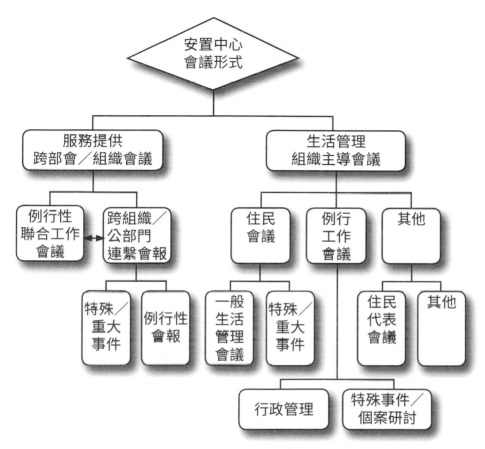

五　主要安置服務項目

　　在安置服務中的住民僅是因為受災，暫時沒有辦法完全依其日常而生活，而非完全失能。因此安置中心的服務是以**協助**為出發，而非取代住民的自主權。為了讓居民也能表達參與相關服務的主體性，非營利組織可以協助**居民**組成相關的**自主管理組織**。一般而言，安置服務的主要範疇是協助居民在食、衣、住、行（交通）和育樂等五大基本需要和其他服務等六大項目。

（一）**食**的部分

　　這部分對於主責的非營利組織來說是很大的挑戰，尤其是在臨時安置時期，居民幾乎都還是處在受災驚恐的情緒中，而且安置處所的設備／設施也都相對不足，因此通常會由主責的組織來協助提供餐食。餐食服務對非營利組織來說除了有**現金墊付的壓力**外，最大的挑戰來自於**食品安全的管控**，因此有意參與災害援助服務的組織必須要有好的資源連結能力，藉由資源連結進行風險控管與責任分擔。　此外，主責的非營利組織也需要在最大能力範圍內，盡力照顧到有**特殊飲食需求**的災民，例如糖尿病患者、素食者或由於宗教因素不食用豬肉者（如穆斯林與安息日會信徒），以及年長者無法咀嚼太硬的食物和嬰幼兒食品等。

　　而在中／長期安置的歷程中，若是場地設備／設施許可，通常會在獲得住民共識後，開放廚房給居民使用。在這樣的情況下，主責單位最需要的就是對**廚房**進行**衛生安全管理**，也就是除

了相關的消防安全外，對於食材的儲存、環境衛生和其善後清潔管理都需要有所掌握。此外，在八八水災的經驗中，也發現到臨時安置中心的選址，可能是非營利組織在提供餐食選項的挑戰。由於八八水災的受災民眾以原住民居多，他們習慣以肉類為主的飲食，然而臨時安置中心多數位於佛教組織內。為了尊重場地的提供者，非營利組織通常會選擇以素食餐食供應為主，因此造成安置中心與住民間些許的緊張關係。因此雖然在八八水災之後，公部門已經針對安置中心的選址有新的規劃，但在面對極端氣候變遷的現在，類似的情況依然可能出現，因此有意參與的非營利組織對於此問題若有一定的敏感度，將有利於服務的提供。

（二）衣的部分

臺灣的地理環境存在著極高的天然災害風險，目前除了颱風所帶來的相關災害（水災／土石流）能夠進行預警之外，其他的天災（如地震）是無法有效進行預防性撤離的。因此災民在撤離時，除了當時的衣著之外，可能完全沒有可供替換的衣物。因此基本的衣著（含鞋子、襪子和貼身衣物）也會需要參與災害援助服務單位共同來協助的。依目前臺灣災防的相關規定，**公部門會以開口契約方式委託**相關業者提供所需的物資，因此主責的非營利組織只要能充分掌握住民的資訊與需求，絕大多數住民的衣著需求，應該是可以在短時間內就被滿足。這項服務對於主責單位比較大的挑戰來自於如何處理**少數民眾的特殊需要**，例如肢體障礙者，身型過大／過小的住民，因為一般的商家通常不會常備特殊尺寸的規格，而公部門的開口契約往往無法全數含括這些需求。以八八水災的經驗來說，很多身形較大的住民或有特殊障礙的朋友，基本上是沒辦法從協助的非營利組織獲得合身的衣物，

往往只能被迫自行購買或者想辦法自己對外求助，但這對還在平復受災心情的住民來說，其實是很大的壓力。除此之外，災害發生後，會有許多物資送達現場，其中往往含括了許多的二手**衣物**（包括貼身衣物），而這些二手衣物，有鑑於防治傳染疾病的問題，**建議不收取也不發放**，除非發放單位能保證已確實完成了清洗，杜絕疾病傳染的風險。最後要提醒的是，更換衣服需清潔晾乾（**隱私**）的問題，也需在安置衣物規畫內予以處理。

（三）住的部分

居住的基本需要是住民在進住安置中心前，主責單位與公部門就該共同努力布建完成的，尤其是預防安置時。但它畢竟是急難救助措施的一部分，各項設備／設施無法完全為住民量身打造，因此如何跟住民一起打造安置中心使其成為最佳的無障礙生活空間，是非營利組織重要的工作，因此相關輔具引進或空間**引導／使用輔助措施**的改善是很重要的。以八八水災的經驗來說，部分的臨時安置中心設在學校禮堂或社區活動中心，住民只能席地而坐（睡），對於高齡長輩來說，光是要起身伸展肢體或是盥洗都是很不方便的。

即使到了中／長期安置，多數住民被移置軍營，已有床位可安居，但營房的設計對身心障礙者或是女性來說，依然不是完全友善的空間。尤其是對於有哺乳需求的婦女而言，擁有可**保障隱私與安全**不被打擾的空間是很重要的，因此主責的非營利組織若能有創意／創新的思維與能力，以最少的資源做最大的改善，會對其服務提供有很大的助力。除了無障礙空間的思考外，簡易的水電修繕、垃圾／廚餘清運、公共空間打掃也都需要進駐的非營利組織透過**居民會議**一起來協商可能的處理方式，除了居民是

共同居住的成員之外，這也是非營利組織觀察和培力居民後續參與相關重建服務重要的指標之一。設備／設施一旦有人使用，就會有毀損的可能，因此主責單位也必須特別注意，尤其是針對消耗品，例如燈泡、紗窗、浴室／廁所門把、浴室蓮蓬頭、廁所沖水設備等，以八八水災為例，在營區的中／長期安置，通常主責單位必須要列出可能毀損物品之清單，並向**政府單位申請備用品**。此外，生理（性）需求的被滿足，很容易被忽略，特別是對於夫妻來說，因此如何運用有限的空間進行相關的規劃也是需要思考的。若是安置中心空間是足以容納外地返鄉協助的災民親屬時，亦可考量納入相關的設計，藉以強化災民的社會支持網絡。

（四）**行（交通）的部分**

由於安置中心的住址一定要是位於受災風險相對小的地區，因此即使公部門努力要讓居民離災不離村，但不一定可以如願。以八八水災來說，許多住民最後被安置的地區，距原住地的車程都超過 2 小時以上，但原有的交通工具卻又不在身邊。因此住民在安置中心生活的這段時間，無論是要清理家園或就學（業）、就醫的**交通工具**之安排是很重要的議題。因此主責單位必須要能夠充分掌握居民的需要，在跨部會／組織的會議上去爭取相關部會／組織的協助，才能協助住民的行（交通）需求的滿足。

（五）**育　樂**

當安置服務進入中／長期之後，住民的休閒需求也會一一浮現，這個時候在學學生的課後輔導、休閒運動、相關藝文活動的參與（含電影欣賞）、手工藝品製作（含園藝治療）、節慶／宗教活

動辦理等都需要非營利組織去協力，也考驗著非營利組織的資源連結和工作排程的能力，因為這類服務通常不會是承接安置中心服務的非營利組織例行性的工作，它需要能在最合適的時間內導入和協調相關活動的進行。例如在八八水災的安置經驗中，兒童福利聯盟就透過它的兒童遊戲屋和導入繪畫治療來協助受災兒童的照顧與紓壓服務；同一時間世界展望會也有兒童活動的提供。

此外，安置中心的主責單位也會依據與其他有參與臨時安置服務機構的協調會議結論，和有意願持續提供服務的夥伴組織進行服務的分工與協調，試圖讓所有族群的需要都可以被滿足。最後，所有參與中／長期安置服務的非營利組織也需要與公部門協同進行重建需求調查，除了是針對後續復原的需求做進一步的清查外，也是日後對災變援助服務發展相關政策與措施進行倡議的基礎。

（六）其他服務的部分

除了上述五大項基本生活服務之外，主責的非營利組織通常也會導入相關的服務來協助居民，例如協助居民辦理相關的補助申請或是補辦相關證件。以八八水災的經驗為例，許多居民在緊急避難的過程中，根本來不及攜帶相關的身分證件，但大多數的補助措施其資格認定都需要有身分證明，因此相關身分證件的補辦是絕大多數住民的共同需求。透過主責組織作為單一協助窗口，對住民安定／安心有很大的幫助。定期的理髮民生需求也是非常重要，除了外表上有煥然一新的感覺，也會幫助災民轉化心情與感受。除此之外，有關心靈安定、心理重建、就醫陪伴、就業諮詢、就業機會媒合等也都會是中／長期安置服務的工作項目。

最後但是非常重要的服務是有關秩序和安全維護的項目。雖

然中／長期安置服務通常是採封閉式安置為主，但仍可能發生相關的治安問題，例如酒醉失序、住民口角、偷竊等問題，而這部分是主責單位需要跟公部門（警政系統／里政系統）密切配合的。

六 小 結

　　安置服務可分為預先撤離安置、緊急安置與中／長期安置三大類。其中**預先撤離安置**因有較多事前準備的時間，且可較為精準的預估需要安置的時間長短，加上全程有公部門主導協助，因此非營利組織多為輔助安置中心內相關生活管理服務的角色。當災害發生後，**緊急安置**的時間約莫介於 **1 ～ 3 天**，如果災情已趨緩且受災區不再有安全疑慮，在公部門同意下，緊急安置就會告一段落。若是災情持續或是災區狀況不適宜居民立即返回，則**會由公部門主導**協助將緊急安置中心的居民轉往中／長期安置中心。一般而言，**中／長期安置中心**開設的時間視災害規模大小和造成的傷害程度，可以從**數天到數年**不等。

　　安置服務最主要的功能及目的，是提供受災居民一個臨時的安全住所及環境，然而其中有許多在事前與服務過程中，需要注意的事項，例如事先與政府及相關非營利組織進行討論及分工、妥善規劃場地位置及空間、盤點場地內的相關設備等。並且在服務過程中，食、衣、住、行、育樂幾大面向亦皆須考量到不同的族群、文化、信仰、年齡層及性別等需求，而有不同的安排。

　　除了服務提供外，相關的**服務記錄**也是重要的，透過記錄除了能確保工作交接無誤之外，亦能確保非營利組織的責信與服務品質。安置服務的提供，不一定是由單一組織來獨立承攬，但由

於非營利組織之間互不隸屬，且存在著微妙的競合關係，因此**公部門**亦需體認到負責召集相關單位和居中協調，讓安置工作可以發揮最大的效果，是公部門不可迴避的責任。

第五章
災害安置復原中的組織工作與重建方案之形成

謝祿宜、李祈恩

一　前　言

　　理論上來說，復原與重建階段可分短期和長期復原重建二部分。短期復原重建首重民生與支持網絡的回復，以及重建日常生活為主；而長期復原重建則拓展到社區整體結構與非結構的系統重建。在八八水災的經驗裡，我們可以看見短期復原重建階段其實是在居民入住中繼安置中心 (營區安置) 後就緩慢展開，而長期復原重建約莫可以從居民遷入永久屋或回鄉開始算起。

二　安置階段的培力與組織工作

　　在災前，無論非營利組織與災民／在地團體是否有認識／互動，災難過後都將是全新的開始，非營利組織必須重新與住民**建立信賴關係**。除了公開召募有相同理念或有意願的住民／在地團隊參與相關的計畫或活動之外，非營利組織的工作者，必須從生活管理工作與所有相關的會議中，去發掘有能力與自願參與復原重建的住民，**主動邀約**他們成為組織的工作夥伴，才能真正走上復原重建之路。因為臺灣目前並沒有非營利組織是以災害援助作為工作主軸的 [1]，尤其是社福類的非營利組織，例行的服務工作

1　紅十字會與基督教救助協會雖視救災服務為主要的工作，但目前工作軸線其實已經漸趨以提供福利服務為主，救災工作所仰賴的人力是志工，而非組織聘用的專職工作者，故不是完全以災害援助服務為基石的組織。

幾乎已是它們最大的營運極限，要能長期全力投入在災後的復原重建上有其難度。所以培力與組織受災居民，讓他們成為復原重建的工作主力是有其必要性的。但在八八水災的後續服務中不難發現，社福類的非營利組織多數是以他們原有的服務對象為主要培力焦點，而為了提升服務對象的能力，普遍以短期培力的方式來進行。然而在培力方案結束之後，只有少數團體有接續協助學員組織成立自己的社團，以致課程的總體效益不大。因此，為了讓安置階段的培力與組織工作能更有系統的進行，有三大路徑可以作為發展的參考：

（一）從公共事務參與中主動邀約

　　一般而言，會願意主動參與安置中心各項服務工作，或是代表住民對安置服務提出建議／建言的居民，通常會積極參與／投入社區工作，非營利組織可以從他們在公共事務參與的觀察中找到與組織理念相契合的同伴，主動邀約／遊說他（她）投入未來的重建方案規劃與推動；同時在公共事務參與的歷程積極陪伴他（她），發展出相關的領導力與願景／問題論述的能力，再藉由他（她）去做組織串連其他居民的工作，這部分通常會以較為非正式的方式進行。因此組織工作的第一線是非營利組織工作者鎖定陪伴的居民，而非工作者本身。

（二）從培訓課程中挑選夥伴

　　第二條路徑是利用非營利組織的培訓課，在課程中去提升學員的能力，以期讓他們可以有執行組織的災後重建服務和後續規劃方案的能力。這樣的課程設計必須是循序漸進且長時間的安

排，因此非營利組織必須對學員有一定的培訓承諾。非營利組織工作者在這路徑中扮演的就是直接的組織工作者，由他（她）擔任組織的領導，與大家一起走上重建之路。

（三）與原有的團隊建立合作網絡

很多災區可能在受災前原本就有各式各樣的在地團體或組織存在，這些團體或組織或許因災害而消耗了他們的工作量能，但不代表他們就完全失能或無法再次集合重整。因此非營利組織可以經由對話與互動，深入認識在地組織的理念與發展方向，並理解它們目前的樣貌；而非營利組織的工作者也要有能力將這些資訊彙整並分析，作為母機構是否與其結盟、共同為災後重建努力的參考基礎。採用這條路徑的非營利組織工作者，除了需要具備資料蒐集與判斷的能力外，更重要的是他必須是一個能夠對等對話與溝通協商的夥伴，才能夠讓母機構真正理解在地組織的需求。同時，非營利組織的工作者也需要有協力母機構與在地組織串連／轉化／融合彼此需求的能力，否則這樣的組織工作，相較於上述另外二路徑，有較高的失敗風險。

除此之外，在八八水災的經驗裡可以找到由八八水災聯盟主導的第四條路徑。八八水災聯盟基本上是以聯盟為主體來進行募款，再以這些募款來協助它的成員設立生活重建工作站，推動災後復原重建工作。藉由這樣的工作模式，八八水災聯盟除了直接支持非營利組織培力在地居民外，同時在工作站設置的規定下，工作站的成員必須包含災區在地的居民，因此透過參與工作站的營運，同時也在建立組織工作者與在地的網絡，因此稱它為**雙軸的培力與組織路徑**。

三 重建方案形塑

復原重建方案的形成與組織培力的工作幾乎是同步進行的，甚至對於某些非營利組織來說，由於臺灣《公益勸募條例》的規定，復原重建方案的形成也可能早於組織培力工作。因此重建方案形成可以區分為以組織為主和以受災社區為主二大類來看，而這樣的區分其實也呼應了傳統上社區工作常被提及非營利組織與其協力的社區是互為主體的理念價值。

（一）由非營利組織主導的重建方案之形成

由非營利組織主導的重建方案之形成，不代表受災社區需求沒有被聽見或納入，而是指非營利組織為了回應災害服務的需要，透過各項資料的蒐集（如災情評估和災民需求調查），來訂定與組織原有服務相關的復原重建計畫。例如世界展望會和至善基金會都在八八水災發生後，藉由組織本身對災情的評估，在很短的時間內就提出公開勸募計劃，作為後續組織參與災害援助工作的依據，而募資所得主要針對兒童和家庭的服務，因為兒童與家庭原本就是這二個組織例行服務中相當重要的一環。另外就是非營利組織藉由參與各項政府的災害補助方案提案，而形成的復原重建計畫。由於這類的計畫通常已經對方案設計有設限，因此參與提案的非營利組織通常只能在既有的規範下，找出與組織本身服務間的最大公約數來提案，並沒有太大的計畫內容調整彈性，因此在大多數的情況下，社區與居民就是單純的服務接受者

而非參與者，在整個計畫的形成中，比較看不見社區／居民的主體性。

（二）以在地團體／居民為主體的重建方案之形成

這類的重建方案形成，通常是伴隨著非營利組織的培力組織工作一起成形。不論工作者是採取哪一條路徑進行培力組織工作，都在結伴而行的這段路程中理解到受災社區居民的需求，和他們自己對需求的解讀和排序，加上工作者對外界資訊與資源的掌握，工作者往往會與社區／居民一起聚集討論、撰寫計畫，形成由在地社區主導的重建方案。因此社區與居民不再是單純的服務接受者，更是提案者和未來的執行者；非營利組織則是主要的諮詢者和共同執行者，雙方的主體性在這裡會是比較平等並存。

這二種方案形成並不是互斥的，有更多時候其實二者是互補的。因為對於大多數參與災害援助服務的非營利組織來說，這是它們的階段性工作，而非例行性工作，因此它必須同時維持既有的服務和發展新的工作，才能確保組織永續發展的可能。因災害產生的服務需求若能結合非營利組織原有服務，則以組織主導的方式來規劃重建方案；若災區服務需求難與組織宗旨及服務項目結合，建議組織依資源盤點的結果另行開發資源，規劃復原重建計畫。爾後，再連結二類計畫，並促使他們在執行時可以相互支持，產生最大的效益。

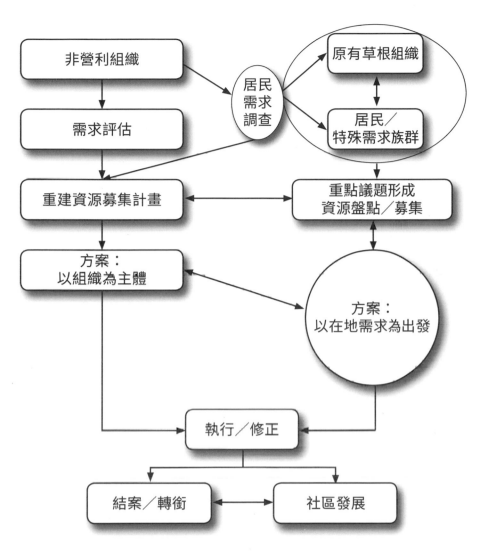

圖 5.1　重建方案形塑

資料來源：作者整理。

四　培力工作的想像與實踐

　　由於重建的方案形成是雙軌進行的，因此在進行培力工作上其實與非營利組織在例行的工作狀況下是有些不同的。在圖 5.2 中，可以知道居民培力的工作，其實在穩定安置時就應該要展開。在這個階段中，重建援助組織了解社區原有動力和立即性災後需求後，一方面與原有的在地組織洽商，暸解災後需要協助的事項；另一方面利用各項服務／課程提供的過程，來發掘積極且熱心參與公共事務的居民，作為正式啟動災後重建歷程的基礎。在這個階段中，非營利組織必須理解災民是因災害而暫時失能，而非對自己的生活完全喪失主導權／自主權。因此非營利組織固然有一定的自主性（募款重建計畫的制定），居民的意願表達在形成重建議題中也是重要的考量點。非營利組織工作者在培力工作的制定和執行時，必須要有能將居民意思表達轉譯融入組織想望或是對接組織既有方案的能力，否則就容易淪為各自為政，居民感受不到非營利組織的誠意，非營利組織亦受挫於不被居民支持。因此培力工作想像與實踐的第一個工作要項是**雙方需求的轉譯與對接**。也就是說過去非營利組織單向以居民為中心的培力方案設計思維是需要被打破的，並轉變為雙向對話的培力想像，亦即將非營利組織的工作者視為是需要被培力的對象。尤其在臺灣幾次重要災害的經驗裡，可以看見非營利組織派駐在第一線的工作者都是年輕的新手社工，他們無論是對機構本身的掌握度，或是對居民生活的理解上都相對青澀，加上許多新手社工都懷抱著社工專業服務的大旗，往往侷限了創新變革的可能，因此非營利組織的

工作者其實也是需要被培力的對象。然後讓雙方的需求可以透過共同培力的歷程被轉譯與對接，是後續工作重要的基礎。

　　第二個培力工作想像與實踐要關注的事是「**多走一哩路**」的設計。非營利組織過去在培力（尤其是針對穩定就業安全的培力想像）焦點一直是在技能的提升，因此辦理了許許多多的課程，期待提高服務對象的職能，然而職能的提升和就業安全／穩定間其實還有最後的一哩路需要被架接起來。也就是說當非營利組織與在地組織／居民在發展重建議題時，必須是能夠從願景回推的設定，例如在地組織／居民期待的是發展社區產業，就必須從究竟要發展何種產業願景著手來回推，培力方案需要如何被設定，而非是目前多數非營利組織採用的當下需要評估來進行規劃，而是要去設想整個產業鏈的串接來作為培力的規劃和最終重建議題的設定。例如八八水災後，很多非營利組織辦理了手工藝品或食品加工的技術培力課程，但沒有後續通路或行銷的課程或實作來配合，在課程結束後，學員無法從中看見可能發展的未來，因此在現實生活壓力的考量下，就沒有辦法繼續與非營利組織一起向前行。然後要做到這樣的規劃，工作者要有跨域的知能整合能力，這也是目前社會工作專業發展和高等教育中最被提醒的部分，對近期要發展重建援助服務的非營利組織來說會是很大的挑戰。

　　第三是**資源網絡導入與轉銜**。前面我們曾經提到，會需要重建協力的社區或居民，可能在災前原本就相對弱勢的，因此要靠他們在受災後自立發展，其實會有一定的難度。因此在培力和重建議題設定的過程中，非營利組織必須適時地協助社會資本網絡的導入，讓相對弱勢的組織／居民可以有較好的支持系統，穩定發展與執行重建方案。資源導入的工作其實一直都是非營利組織所熟悉與擅長的，但也往往就是停留在導入工作上，並沒有後續轉銜的操作，而使得許多重建方案在非營利組織達成階段性目標

撤離之後跟著停擺。因此在培力實踐的階段中，非營利組織必須思考如何協助導入的資源網絡可以被在地組織／居民接住，進而成為他們自己可以掌握的社會資本。

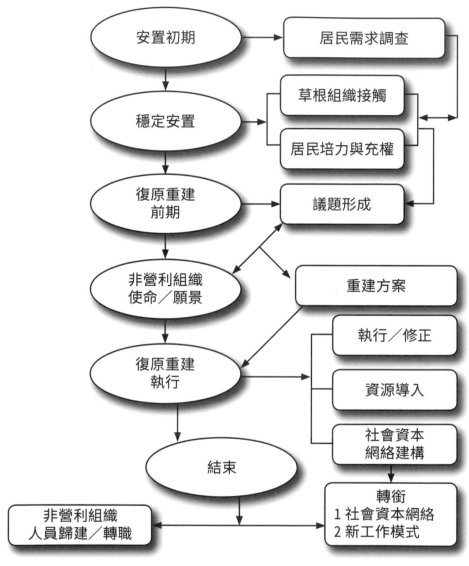

圖 5.2　災後重建歷程

資料來源：作者整理。

圖 5.3　資源連結網絡

資料來源：作者整理。

五　小　結

　　重建工作貴在「長期穩定」，而長期穩定的災後復原重建工作絕非一蹴可幾的，也不能如法炮製其他災害的成功經驗，照本

宣科就能成功，而其工作成果也往往會因為環境或人事變動而重新回到原點。即使是同一族群有著共同文化與受災背景，在工作時也必須依據社區結構、人員組成和在地資源等的不同，經由不斷溝通找到共同對接的基礎，其中「關係」的建立與傳承是關鍵。因此工作者本身必須跳脫既有的經驗與刻板印象，甚至是非營利組織本身主體性的堅持，才能在管理與創新的整合中找到互惠互助的可能，方能讓重建之路更加穩固與長遠。

第六章

災害援助工作者的身心安頓管理

謝祿宜、黃盈豪

一 ▌ 前 言

　　由於臺灣多數的非營利組織並非以災害援助工作為其主要任務，因此負責的相關工作人員若不是以任務編組方式兼負相關業務，就是以臨時指派的方式來接手相關工作。無論是哪一種，工作者除了要面對災害現場的高壓和不確定性之外，還要面對如何同步關注既有工作，形成蠟燭二頭燒的困境；若是工作者本身也是受災區的居民，可能還要承擔家庭與情緒的三重壓力，因此工作者的身心安頓管理是很重要的。本章希望能就最合宜的喘息服務之規畫與導入時間進行討論，期待整理出相關的時程給非營利組織做參考。一般來說每一個災害管理階段，工作者所要面對的情境和壓力都不相同，因此每一個階段中所關注的身心安頓管理工作重點也都不同，因此下文將針對每一階段進行初步的探討。

二 ▌ 緊急救援援助階段

　　當災害發生後，有意參與援助工作的非營利組織就會啟動災害評估的相關工作，而在本書的第二章提到災害現場對於工作者所帶來的人身安全風險，在評估階段就需要注意。在災難現場，建物受損倒塌或是人員死傷在所難免，但對於多數的非營利組織工作者來說，這樣混亂哀傷的場面往往不是他們熟悉的情境，心理所受的衝擊是直接而巨大的。而且如果是遇到地震這類型的災

害，將可能在災害援助服務的過程中，因為餘震而影響到工作和自身安全。假如援助工作者本身就是受災地區的居民，可能要承受更高的壓力，因此在這個階段中，非營利組織的管理者若能確實掌握第一線援助人力的身心和家庭狀況，可以讓援助工作者的身心安頓工作相對有較好的安排。然而以目前臺灣的現況來說，非營利組織大多面臨工作人力吃緊的狀況，因此要兼顧員工的個別身心需求，和面對緊急援助服務工作的開展，是非常困難的。因此在緊急救援援助服務階段，首先可以做的是建立合理的**人員評核制度**。非營利組織應對工作人員進行「快速簡捷的服務能力評估」，若是本身為受災戶、家中成員傷亡或狀況不明、身體狀況不佳的服務人員，在有替代人力的情況下可優先讓他們退出工作服務團隊。

其次，是**合理的輪班制度**。援助工作者必需能夠有充分的休息，方能在安全的情況下提供最好的服務；同時工作者也必須有自我覺察的能力，可以在工作過程中感知到自我的狀況，不受到災害現場氛圍和災民期待而過度承諾，但這需要依賴非營利組織在防／備災階段就能與工作者一起準備，而不是在災害發生的當下，認為援助工作者可以自我學習與成長。合理的輪班制度也能讓援助工作者有充分喘息的機會，讓工作者可以保持最佳的情況來面對援助服務工作。身心狀態是相互交錯、互相影響的，現場的工作夥伴在值班中的飲食及睡眠，都需要得到良好妥善的照顧，確保服務者短暫休息以便有良好的服務品質，並由組織內的後勤單位提供照顧資源，最理想的狀態是設置專屬紓壓環境（例如按摩區、餐點區等）。

再來，是建立明確的**責任分工**和清楚的**資訊回報機制**。災害現場的訊息經常是瞬息萬變的，完整的記錄不僅有助於工作者對於訊息的釐清和現況的掌握，也有助於跨組織間的協調與合作，

為援助工作者減少工作量；而合理的工作流程安排，可以降低援助工作者面對不確定事項和災民需求的焦慮。無論是何種災害類型，不會有二個災害現場是一模一樣的，因此依據經驗所建置的各項工作設計，都可能有它不足或是不適用的地方，因此在混亂的災害現場需要有明確的責任分配和回報機制，才能減輕工作者面對不確定議題的焦慮和不安。資訊回報機制亦能協助工作者保持工作彈性，讓工作者可以專心於他／她當下的工作任務，同時亦應有其他工作夥伴協助處理相關的突發／偶發情況，而讓災害現場狀況得以維持，避免增加援助工作者更多的壓力和工作負荷，而同儕或是主管正增強的情緒支持與肯定也能成為增進成就感以及穩定軍心的最大助力。最後，援助工作者在結束每日的工作後，建議稍做**心情沉澱和情緒舒緩**的動作，再行離開返回休憩地點。

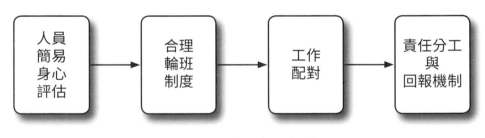

圖 6.1　簡易身心評估

資料來源：作者整理。

緊急救援援助工作是一個高壓快速的工作情境，因此援助工作者容易受到自我期許和社會期待的影響，選擇滿足災民需求而忽略自身感受，工作者很可能因此出現重大創傷後壓力症候群（PTSD）或替代性創傷（SPTS），因此在人力配置許可的情況下，援助工作者若能以配對搭檔的工作模式來提供服務，或可因為有最即時的相互支持和對夥伴工作壓力的同理，減低其創傷的可

能。若是人力配置受限，非營利組織則應在緊急援助工作告一段落之後，針對這些援助工作者提供相關的減壓服務，來降低他們受創的風險。因此在這個階段中，很多非營利組織會試圖導入安心團體／減壓座談（debriefing）的服務來協助工作者的身心安頓工作。但要再次提醒的是，任何減壓工作的進行，都不應壓縮到援助工作者合宜的休息時間，因為唯有充分的休息，才能讓工作者真正減壓，否則再多的身心安頓服務，都有可能轉換成另一種形式的工作壓力，對工作者來說不但沒有幫助，反而造成負面影響。

在機構人力調配可能的情況下，可視需要將技術支援與後勤資源部門人員加入工作團隊中，協助連結或協調所需的各項資源，以及在安置服務現場提供相關工作技術的討論與指導，或是提供非直接服務的各項後勤支持（如人力、設備或物資的調派與協調、新增需求與服務提供的可行性評估及資料作業、人員安全的風險評估與維護等），以減輕第一線工作人員忙碌於援助工作時，仍要分心分身分神處理各項有時效性之後勤作業的壓力。

此外，部分的工作者在結束這段緊急救援援助服務後，直接返回原有的工作崗位，但這時許多災變援助服務依然在進行中，同時也會影響到工作者的心緒，因此若能有資訊持續告知工作者的機制，對於工作者來說也是重要的身心安頓管理機制之一。

三　安置服務階段

受到災害影響的居民，在離開災害現場之後，除了選擇依親外，大多的受災民眾就會被移送到安置服務中心。安置中心有二

大類，一是緊急安置中心，另一個是中／長期的安置。在緊急安置的服務歷程中，安置中心的秩序和環境還是處在相對高壓的情況，在安置中心內接受服務的受災民眾，或是擔心還受困於災區的親人或鄰居，或者焦慮未來生活的改變與挑戰，因此往往容易出現火爆的爭執場面，同時安置中心現場常有大量的物資進出，因此援助工作者會面臨到極大的言語與肢體暴力威脅的風險。

在這個階段中，除了工作者必須要有**自我紓壓**和緩和衝突的能力外，非營利組織的管理階層（督導）也需要有**衝突管理**的相關技能，方能協助工作者減壓。此外，進駐到安置中心的工作團隊或可採用團體工作的方式進行身心安頓管理工作。透過小組的相互支持和分工合作，來彼此支持且分散被個別攻擊和挑釁的風險。此外，這個階段的人力配置若能兼顧到性別平衡，就可減少工作人員處理口角或肢體衝突的壓力。同時，非營利組織也需要時時提醒公務部門善盡其法定職責，與公部門相關的駐點單位（例如警政單位／里政部門）一起合作，來減輕援助工作者的壓力。而當居民遷住到中／長期安置中心之後，整個中心的緊張情況和氛圍普遍來說是趨緩的。在這裡，工作者會有比較合宜的工作頻率，以配合居民的日常生活步調，但由於安置中心是 24 小時的運作，因此工作人員合理工時的安排和休息空間的設置，也會影響到工作人員的身心安頓管理。一般而言，工作 4 小時，應該有一次喘息放鬆的時間，一天的工作時數不應超過 12 小時，同時 12 小時工作之後，務必休息 12 小時以上再行輪替為宜。若真的人力吃緊，要盡可能安排工作者可以在安置中心附近休憩，因為只有離開服務現場工作者才能真正放鬆。

而在沒有足夠的工作人力可調派的情況下，非營利組織通常會進用志工來協助服務的進行，但組織的主管要能意識到志工雖是助力，但也是工作者的工作壓力來源之一。尤其是非營利組織

進用的不是長期培育的災害援助服務的志工時，志工可能對於組織和災害服務特性的理解與掌握有限，同時在志工服務倫理的內化與體現亦可能較為薄弱，於服務過程中造成不必要的緊張關係或導致衝突，進而增加工作人員工作壓力。因此在這個階段，除了運用**團體**工作方法，來協助安置中心工作人員透過集體的支持與互動，以進行工作減壓和情緒支持的工作外，亦可以同步針對有個別需求的工作者提供**個人諮商和輔導**的服務，而引進相關的**宗教信仰支持**服務也是協助工作者身心安頓工作的另類選擇。

此外，值得注意的是在中／長期安置階段中，會有二類工作夥伴加入災害援助的服務工作。第一類是從緊急援助服務工作結束後直接調撥過來的支援人力，通常這批工作者到達安置中心時已經累積了相當程度的工作和情緒壓力，因此特別需要關注他／她的身心狀況。第二類是因著業務調動新加入的工作者，這類工作人員因為沒有參與前端的災害援助服務，對於特定事件與居民的安置脈絡通常較無法理解／體會，因此藉由**非正式的會議**促進工作人員之間的交流與對話，再次凝聚共識，強化生命共同體的感知，也是工作團隊紓壓的方法之一。同時，如果安置中心的規模是足以規畫設置相關的**專屬**工作人員減壓空間（例如拳擊沙包／卡拉 OK ／茶水間等），亦能協助工作者進行自我療癒和自己健康照顧管理。且這個階段相較於緊急救援援助工作，更適合規劃多次的團體減壓／紓壓活動。

相較於在緊急救援援助工作階段，這個階段援助工作者會更需要組織本身強力的**督導支持系統**的協助，因為援助工作者的關注焦點除了各項服務的進行外，也會回到自我壓力關照的部分，尤其是有部分的援助工作者是從緊急救援階段就參與其中。他們累積的壓力也會在這個時間點開始釋放出來；如果他們還要同步處理災變發生前的例行性服務，就一定要有強而有力的督導支持

系統，才能支撐他們走過蠟燭二頭燒的困境，也同時舒緩未來可能會發生的離職潮。

另外要注意的是，工作者在進入安置服務階段之後，與安置中心住民的接觸日增，彼此除了是工作關係之外，還會有更多生命經驗的共享與交流。當工作者要結束安置服務援助工作時，需要能夠好好結束他們與住民的互動，因此在安置服務結束前，可藉助不同的聚會形式讓工作者與住民有機會相互道別與祝福，方能真正達到工作者的身心安頓。

四　災後復原重建階段

等到安置服務趨向穩定或是接近尾聲，災後復原重建的工作也漸次開展。在這個階段中，許多援助服務工作者也開始歸建，回到原本的工作崗位。此時他／她面對的雖然是災前的例行業務與服務，但心境和想法上已經有相當大的改變；如果又是完全無縫接軌的立即回到原本的位置，對工作者來說會是很大的壓力。在最理想的情況下，非營利組織的經營者應給予援助工作者短暫的特休（3～7天），協助工作者重新調整工作心態和工作步調。然而這對絕大多數處在人力吃緊、工作暴量的非營利組織來說是極度困難的。因此在工作者回到原工作崗位的初期，組織可以給予較大彈性的**工作時間安排**，允許工作者**逐步調適**自己的工作步調，以利早日回到原有的工作狀態。

工作人員在救援階段任務工作結束後，可能會面對到的壓力為「因災害援助工作而延遲積欠原本的工作業務」，此時若機構端無法給予通融與配套，工作者本身將無法獲得良好的休息品

質，而工作者在回到原本的工作場域後，容易產生一種辦公室夥伴是最熟悉的陌生人的感覺，因為他／她的援助經驗並沒有辦法在很短的時間或是在忙碌的例行工作中被理解；他／她也沒有辦法立即參與加入同仁間當下對話之中，因為他／她需要時間去重新理解在參與援助服務期間，其他辦公室夥伴所經歷的事件。因此這個階段的身心安頓工作首重援助工作經驗的分享與敘說。非營利組織的管理者應協助援助工作者適時地分享他／她的經驗，一方面拓展所有工作團隊的視野與經驗；另一方面也協助他／她快速熟悉在援助服務期間，原工作場域所發生的重大事件，讓援助工作者可以更快的融入原本的工作團隊。而除了提供非營利組織內部的工作經驗分享與敘說機會，組織的主管高層也應該支持援助工作者參與其他相關的**支持團體／工作坊**，藉由一次次的分享、生命敘說和經驗撰寫，協助他／她轉化累積而來的工作壓力，進而為自己增能。

　　除了非營利組織原有的工作者外，在這個階段中非營利組織也會因著管理高層決定長期投入後續的復原重建工作，而進用新的工作人力。這批新的工作者通常要同時面對複雜且多元的社區網絡和互動關係，並與社區重建團隊一起工作；同時還要有快速理解內化組織原有的工作規範和職場文化。因此新進工作者比起原有的援助工作者，雖然少了災害現場累積下來的各項壓力與創傷，但卻要承擔不同的工作壓力和挑戰。因此針對這一類的工作者，非營利組織管理高層應該提供相關的**培力和增能**協助，來協助他們快速上手復原重建的相關工作。此外，對於非營利組織來說，參與災後復原重建工作是階段性的任務，並沒有將因重建工作而進用的工作者吸納或轉正的人力資源管理規劃，因此在復原重建階段的後期，很容易引發工作者就業安全上的焦慮和不安，因此適時的提供**職涯規畫相關的諮詢**也是協助員工身心安頓的可

能選項。

　　整體而言，在災後重建與復原階段，以多次持續的身心安頓團體，比起單次／個別化的紓壓活動辦理，會更有效果。在這個時期，工作者除了可以更加放心地和有餘力來關照自己的情況之外，也能更全面的反思回觀自身的工作經驗，為自己增能。 但由於非營利組織能夠投資在工作者身上的時間／資源有限，他／她往往無法全程參加，只能退而求其次參與單次性的活動，十分可惜。因此在未來，非營利組織或許應當思考如何與公部門合作，擴大能投注在援助工作者身心安頓服務相關的資源網絡，畢竟在某種程度上來說，非營利組織的災害援助服務也是一種公部門補充人力與服務的概念，公部門有其責任與義務來協助非營利組織的。

　　在這個階段，工作者與社區居民或在地工作團隊會發展出「一起」的工作經驗，因此如何做好結束與道別的工作，也關係著互動雙方的身心安頓狀況。在非營利組織資源條件許可的情況下，可以從經常性陪伴者轉換成定期性交流支持的方向，來維繫彼此的互動，讓工作者可以參與在地組織自主發展的過程，得到更多的支持與肯定，進而得以自我增能。若是受限於非營利組織本身資源與工作發展的考量，或可以單一活動／方案邀請結合的方式來維持彼此的關係，讓工作者看見曾經的努力能以不同的形式存在，使工作者有能量持續往前行。

圖 6.2　身心健康照顧流程

資料來源：作者整理。

五 防／備災階段

　　這個階段工作者的身心安頓工作可以分成二大部分。第一是深化工作者因為援助服務經驗而產生的**反思與經驗傳承**。每個參與災害援助工作者的投入一定會對自己的身心靈、生命課題或生命階段有不同的體悟和激盪，而這些經驗和感悟會跟著這些工作人員 10 年、20 年，甚至是下一個災難現場，也是援助工作者不斷要面對的真實生命樣態。非營利組織有責任和義務長期協助這些工作者擁有可以持續跟自己對話的機制或方法。若是工作者是非營利組織長期的工作夥伴（無論是工作人員或是志工），也必須要跟既有的非營利組織支持系統與督導系統做好銜接，讓每個投入災區的生命可以被好好地接住。

　　第二是針對援助工作者在平時的**新知能充權和協力輔助**。援助工作者會因著災害的不同，而面對不同的援助議題，例如衝突解決、哀傷輔導或是喪葬相關議題的諮詢與慰撫，而這些議題並不一定是援助工作者所熟悉或擅長的。因此透過不同的經驗分享和各式媒材來協助援助工作者在面對未知時，其身心靈的狀況皆做好準備，是當有災害發生時工作者能否維持自身平穩狀況，全力投入援助服務工作的重要基石，同時也是減低援助工作者出現創傷後壓力症候群或替代性創傷的關鍵。因此援助工作者的身心安頓管理在平時就需要被關照的，而不是等到有災害發生之後才被重視與處理。

　　最後，**針對非營利組織自己的屬性，對於災後援助工作的目標與內容應預先設定**，除了進行工作人員的職能設定與培育外，

應事先就每一位工作人員相關職能、特質或專長進行調查，並預先進行分工與任務角色設定，一旦需要徵調其他部門或地區的工作人員進行輪派支援時，可依據調查結果優先調派，以減少工作人員面對無法勝任工作內容之焦慮，與實際投入服務工作後所衍生之挫折感。

六 小 結

　　總而言之，援助工作者的身心安頓管理工作在每一個災害援助工作歷程中都需要被關注，只是每個災害階段著重的重點工作不同（如圖6.3）。在緊急援助階段，重點在於協助援助工作者工作和情緒壓力上的管理；安置服務階段則是把焦點鎖定在協助工作者舒緩情緒壓力和增強衝突解決的能力；復原重建階段則主要是協助工作者面對與社區居民團隊一起工作所帶來的各種壓力，從社區關係的經營、資源網絡的建置，到人際互動關係的調解，同時也要協助工作者面對職涯發展所帶來的各種挑戰；最後也是最重要的是在防／備災時期，非營利組織需要協助工作者看見過往援助經驗的重要，和對自我生命產生的影響，並協助做好相關的身心準備，以備不時之需。

　　災害援助工作者的身心安頓服務，是最容易被忽略的。一方面，工作者本身會將服務的焦點擺在災民的身上，另一方面，災害發生不代表其他工作都必須中止，既有的工作仍需要處理，所以工作者即便有感受到自己需要某些協助，卻很容易選擇忽略，以免造成其他夥伴更多的壓力和負擔，然而工作者能否提供最佳服務的重要關鍵卻又取決於她／他是否擁有平衡的身心狀態。臺

灣雖然歷經了無數的災害，工作者的身心安頓管理的議題也日漸受到重視，但卻有更多尚未被關注的角落，因此還需更多的努力與發展，方能讓臺灣的災害援助工作者可以得到最好的照顧，成為最佳的災害援助工作之助力。

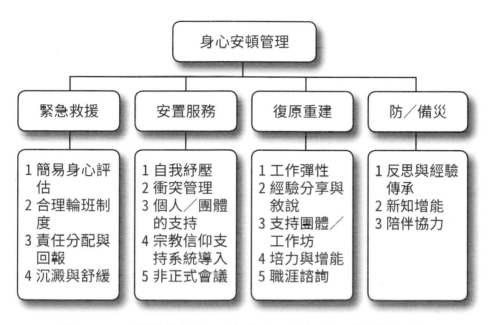

圖 6.3　不同階段援助工作者身心安頓管理的重點工作

資料來源：作者整理。

災後生計重建與發展

謝禄宜、陳皇廷

一　前　言

　　當重大災害發生時，自然與人文環境都會受到極大的損壞，而直接影響到賴以生活的人們，因此生計重建是許多災民所重視的。以八八水災來說，重災區幾乎集中在原鄉部落，水災後這些部落的原有生活、環境生態和生計幾乎完全被改變。因此無論是後來被集體安置於永久屋的居民或是選擇返鄉重建的族人，如何重建其生活與生計是他們最關心的議題。以八八水災災後的社區重建為例，約莫出現了三種形式：原地重建、異地再造（永久屋）和個人創業生活重建。

（一）原地社區重建

　　社區災後重建，除了硬體建設的援建之外，政府或民間大都集中在福利服務的方案推動。然而對受災的居民來說，受損的環境和生活無論如何重建都無法回到原貌，因此對居民或工作者來說，所謂的原地重建，只是個意象的表示而已，對於社區工作的推動是無法以災前的思維來進行的。尤其對於生活環境嚴重受創的社區來說，留下來的住民有一定比例是因著各項現實因素而無法離開，例如獨居長輩和收入不穩定／不安全的單親或多子女家庭，而這些人原本在經濟安全的維持上就有一定的困難，當自然與社會環境都受到破壞的情況下，他們的生存處境就更加艱辛。因此創造一個可以協力他們**維持最低生計的環境**，是很多原地重建社區的重要需求。

在這樣的情況下，通常政府會率先釋出有條件的短期就業／工作專案，並由非營利組織代為執行，社區工作者則是這些就業方案的專業經理人員，協力相關行政工作和人力資源的管理，期待經由訓練課程可以提升受災居民的就業市場競爭力。然而從九二一大地震到八八水災，無論是政府或是非營利組織的方案，多數只有短期維護個人經濟安全的效果，對於社區整體經濟的回穩並無明顯的長期效益。究其主要原因可能是時間過短、組織（作為動詞）工作和社會資本網絡的轉銜未能充分落實，因此當服務方案結束，在缺乏長期資源挹注和彼此能力互補、相互支持的情況下，穩定的就業機會無法被開發出來，因為這些人原本就是就業市場中的**弱勢**，想要維持穩定的工作會需要更長時間的陪伴與培力。生計培力單位也需要更多跨領域的資源整合與訓練，例如與企業資源連結、行銷通路的培力與建置、災後整合式的行銷工作，跳脫不一樣的在地生計思維，提升服務方案結束後的長期效益。

相對於政府或社福非營利組織所主導的短期就業或訓練計畫，八八水災後，由八八水災聯盟主導的社區生活重建計畫，就以駐點陪伴的深耕理念，來支持一批社區工作者與其所屬的組織，並試著走出另外一條原地重建的路。他們一方面利用八八水災聯盟提供的經費，辦理各項訓練與培力計畫，協助在地居民提升工作能力，一方面協助參與計畫的居民組織自主團體，並導入包含非營利組織本身既有的社會資源網絡，一步步走向經濟自力的道路。然而這些生計重建方案在聯盟支持的 6 年間（2010～2016 年），因為生態環境重建的不穩定，屢屢被打回原點重新出發，除了在重建期間接受至善基金會協力的達卡努瓦工作站，由原本的在地組織——高雄市原住民婦女永續發展協會（女窩）

持續堅持之外，其他的災後經濟重建方案[1]皆已中止或轉型。此外，原地重建中還可以看到另一種由非營利組織自行經營的社區重建模式，就是家扶基金會所建的「那瑪夏換換愛志工交流站」，這是家扶基金會在八八水災之後運用各界的捐款，在高雄那瑪夏區的南沙魯里所設立的公益旅棧。這個交流站提供到那瑪夏區進行志願服務的志工們，或是旅人們以購買特定數量之當地農特產的免費住宿，讓那瑪夏區的重建協力工作可以細水長流。

（二）異地生活再造

在八八水災之後，永久屋是政府面對災變安置的主要措施之一。由於政府的安置標準是以個別家戶受災情況來判斷，因此即便如八八水災大規模重創許多原鄉部落，部落仍無法集體遷村；再加上臺灣目前可使用的公有土地面積有限，因此接受安置到永久屋基地的受災民眾，多數需要被迫接受新社區生活再造的現實。由於整個社區是新造的，因此所有的文化傳承、生活方式與工作型態也都需要重新適應。因此在永久屋基地的社區工作樣態與原地重建有很大的不同，不論是大人或是小孩首先要面對的就是**新的生活方式與工作型態調整與再確立**。由於過去的生活步調和生活模式全都需要調整與改變，這對社區工作者來說是很大的挑戰。因為在這個過程中很難找到有餘力願意一起工作的夥伴，因此多數的社區工作者和其所屬的組織都會以福利服務提供的方式，來協助居民度過這個生活巨變時期；同時在服務提供的過程

1　那瑪夏南沙魯的夢想起飛館是另一個例子，但它在水災重建的歷程中呈現間歇性的營業狀態，並沒有全面性的持續運作。目前南沙魯里還有家扶基金會的志工交流中心，是以八八水災重建募集經費所設立的，但它由基金會自主經營管理。

中去挖掘和培育未來的合作夥伴。八八水災聯盟在嘉義的逐鹿、日安和屏東的新來義永久屋基地，也都支持當地紅十字會設立生活重建工作站，但主要的工作是以福利服務為主，與原地重建的工作推動雖然沒有太大的差異，但工作重點還是有些許的不同。

同時，由於**永久屋是新開發的住宅基地**，它提供了商業事業設立和就業機會創造的新可能，對於年輕人口回流是較具吸引力的。因此與原地重建相比，永久屋基地的生計重建方案仍在熱烈發展中。另一方面，永久屋位於相對安全的基地，交通便利性也較原鄉部落來得好，因此災後重建的各項成果容易被延續。這樣的案例在屏東的各個永久屋基地中都可以被清楚地看見，例如禮納里永久屋基地的瑪家穀倉；脫鞋子部落和大社部落工藝產業（紅藜故事館）；吾拉魯滋基地的部落咖啡產業館和新來義部落產銷中心；慈濟基金會在杉林大愛扶持了四個勞動合作社（勞動服務、文化產業、縫紉生產與照顧服務）等。

除了以居民為主體的社區經濟發展的災後重建外，也有試圖在**傳統經濟僱用關係**下來進行規劃執行的重建模式，例如永齡基金會有機農場與杉林大愛永久屋的結合。在異地重建的過程中，往往房舍、公共設施之興建為最優先且最被關注的主要議題，若能及早做出未來的生計規劃，相關工作場域、硬體設備與訓練也可以同步在興建時完備，同時若入住後的相關工作與培力配套做得好，也會增加居民對永久屋居住的踏實感與歸屬感，並增加永久屋的使用率。

（三）個別創業生活重建

當然水災之後亦有居民受到相關單位的培力和支持，日後自行創業的，例如當時領導小林村居民對公部門進行倡議工作的蔡

松諭先生，在八八水災聯盟的支持與培力下，創設了 2021 社會企業，以大高雄地區台 20 線、台 21 線[2] 交會地帶兩溪廊道青梅產區為基地，故名 2021，希望改善梅子產業生態的困境，建構完整的「梅好經濟圈」協助解決八八重建區長期就業問題，但這樣的生計重建模式經驗難以被複製。

綜合以上的經驗，可以看出災後社區經濟重建其實可以有多元化的發展，而有了可持續發展的經濟基礎，就可以慢慢發展出就業機會，進而協助有意願返鄉或留駐的人力，帶來社區活化的動能，因此社區重建發展雖然不是只含括就業安全和經濟發展，但有這二項作為社區重建發展的基底，將有利於社區永續發展的進程。

二　社區經濟發展的想像

臺灣由於過去獨特的政經背景，導致利己營利的市場經濟一直是生計發展的主流，然而在災變的影響下，除了因災致貧或因災近貧的家戶外，絕大多數的受災者在災前就是資本主義市場經濟發展主流下的邊緣族群，這些人的生計困境在災後依然存在，甚至更加嚴峻。因此當非營利組織要介入協助時，就必須跳脫原有的市場經濟發展的思維，而將其原有的生活樣貌、生態環境一同加入評估，以「三生 (生計、生活與生態) 一體」為發展架構，方能有效地運用有限的資源，協助居民重建。而三生一體的發展架構，其實也就是社區經濟的想像。

2　台 21 線小林到那瑪夏段在八八水災基礎工程重建完成之後已改為台 27 線。

有關社區經濟[3]的特性，簡單說明如下：

（一）地域性

所謂的社區經濟，首先必須是在某一特定的區域範圍內，而且其勞動力的構成也要具有一定的社區地域性特徵，社區居民必須是社區經濟的基本勞力和技術的掌握者，同時也是主要的服務對象。

（二）社會性

社區除了地域性特徵外，其內部關係還具有情感等取向。因此，社區經濟不是一味地追求經濟利益的最大化，而是希望能兼顧經濟安全與人際發展和相互支持。

（三）服務性

社區經濟是為了讓社區居民有更好的生活和全面發展的服務，其發展方針是「以服務為中心發展經濟，穩定經濟安全健全服務提供」。因此，並非在社區內的一切經濟活動都是屬於社區經濟的範疇。且 Miller[4]（2013）認為「社區經濟」的觀念與行動，可以展現激進民主（radically-democratic）的經濟政治新思維，具有潛在的「反霸權支配經濟組織」（counter-hegemonic

---

3　胡哲生、李禮孟、孔健中（2015），〈社會企業推動社區經濟改變偏鄉命運〉，《社區發展季刊》，第 152 期。

4　Miller, Ethan (2013). Community Economy: Ontology, Ethics and Politics for Radically-Democratic Economic Organizing. *Rethinking Marxism*, 25(4).

economic organizing）的意涵。他認為，如果個別社區能夠表現出地方性社會自立供需的互助能力，就能建立普遍化基層自主的生產與交易系統，也就可以減少對外部力量、主流工商業的倚賴，進而保有自己的生活方式、資源運用及掌控環境資源。因此以非營利組織長期關注社會弱勢，協助公平正義理想的實現，若能在協力災後重建的發展中融入社區經濟的理念，會是一個可能的選項。

而在本書的第六章，提到了重建工作的展開，首先必須要有一個願意一起工作的**團隊**，即使是以個人為主導的生活重建模式，也不會真的是一個人單打獨鬥，這個團隊會需要花很多時間進行內部的自我培力和理念謀合，同時也能相互支持與成長，方能真正落實三生一體的社區永續發展想像。然而這樣的團體並不會是一個封閉的團體，而是可以隨著社區發展的歷程來進行調整的。

從九二一地震和八八水災的經驗來看，二次災害受創最嚴重的區域都是原住民族部落，而臺灣原住民族傳統文化中大都含有互助分享的思維，然而這樣的互助分享概念，並非完全如外界所想像的是以族群為中心，反而更多時候是以他們原有的親族血源或是社會規範來做依據的，因此要進行組織工作時，往往會是以同一血源親族的夥伴為主，而這樣的組成經常讓協力的非營利組織感到不安或困惑，然而對參與其中的居民來說這種情況並沒有什麼不妥，因為這是他們原有互助共享的文化傳承。因此在協力組成團隊的過程中，非營利組織的工作者也需具備多元的文化能力，除了尊重與同理居民既有的生活方式之外，還必須要有**轉譯**的能力，以協助團體在發展的過程中朝向開放多元的發展，讓公共化的理念得以融入其中。這應該是災後重建與發展的歷程中，非營利組織與協力的在地團隊最困難且需要長期持續對話的工作項目。

社區「三生一體」的發展也必須有長遠未來性面向的考量，

例如考量到未來 5 年、10 年後的社區人口群狀況（族群分布、人口外移／老化情形、產業分布）、政府相關的經濟與地方策略規劃的永續發展（特別是 2019 年開始的地方創生）、資源是否充足且能有效運用等。

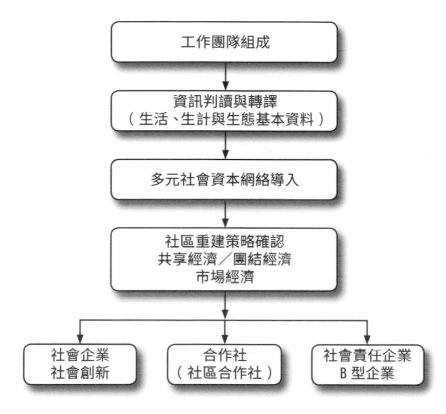

圖 7.1　社區重建發展路徑圖

資料來源：作者整理

第十章

三　現行法規下社區經濟發展三大可能

　　當工作團隊組成後，最先需要被確認的就是團體要往何處去（願景的形塑和引領），因為沒方向，團體很難留才；無法留才，就沒有辦法談發展。而在現行法規下，社區經濟要發展約莫有三大方向：社區草根性非營利組織、合作社和社會企業。

（一）社區草根性非營利組織

　　一般而言，非營利組織運作，除了需要依《民法》、《人民團體法》、《社區發展工作綱要》或各部會及地方政府的監督（督導）要點來管理運作外，還須依其章程辦理它的工作／服務項目。因此地方草根性非營利組織要經營社區產業，就需在章程中載明經營社區產業的目的和方式，並針對產業部門運作、盈餘運用方式等制定相關的運作簡則，送交會員大會表決通過及主管機關核備。因此為了讓非營利組織經營社區產業能名正言順，建議在組織章程中，加入「經營社區產業，協助振興地方經濟、改善地方生活品質、充實居民工作能力、提升居民公共參與的意願，以及強化居民對地方產業發展的認識」之發展目標，使得產業的經營能在章程中取得相關地位。除了完備法律程序外，同時也需要透過召開會議、修改章程及制定簡則的過程，讓理監事及社區的會員能夠有機會討論組織經營社區產業的機制，同時依《人民團體法》規定，章程之修改必須1/2以上會員出席，且2/3以上出席會員同意[5]的認同，才能生效。

5　依《人民團體法》規定，章程之修改必須1/2以上會員出席，且2/3以上出席會員同意，方得修正通過。

另一個選項是在非營利組織下設立「附屬作業組織」，這指的是經過一定程序，且具有法律地位的附屬組織，通常以母機構冠上附屬作業組織為名（例如○○社區發展協會附設XX工坊）。其成立要件，包括必須先通過組織同意並獲主管機關同意後，再啟動籌備程序，準備業務主管機關要求的資料，成立後再函知主管機關，並於年度預、決算內揭露。例如：XX協會要成立手工皂工作坊，要先經理監事會、會員大會同意後，送縣市政府同意，再依成立手工皂工作坊相關資料，送業務主管機關審查（辦理公司登記），成立後再告知縣市政府，並將手工皂工作坊年度預決算併入社區發展協會，由會員大會審查。

（二）合作社

「合」是聯合，「作」是工作，「合作」就是聯合起來工作。合作社專指工業革命以後，人們基於經濟上的共同需要，依特定原則組成的團體，並合力經營業務的一種集體活動（尹樹生1988：1）。而我國《合作社法》第1條規定：「本法所稱合作社，指依平等原則，在互助組織之基礎上，以共同經營方法，謀社員經濟之利益與生活之改善，而其社員人數及股金總額均可變動之團體。」不管是非營利組織為經營社區產業主動發起合作社的籌組，或是被動的接受合作社邀請加入成為會員，這個有關組織運作的重大決策，必須通過理監事會議及會員大會的討論與決議，才能具有社區產業和非營利組織運作的合法性和正當性。此外，在合作社的實務運作上，《合作社法》還規範了公積金和公益金的提撥及使用的方式，因此在訂定組織章程時，可以詳細規範公積金和公益金作為社區產業發展與社區回饋機制，同時讓社區產業經營之目的有其正當性。

※ 第一次籌備會：
1. 徵求社員入社。
2. 召募股金。
3. 擬定社名、業務區域項目、章程草案。
※ 第二次籌備會：
1. 經營方式。
2. 擬定年度業務計畫及收支概算草案。
3. 決定創立會日期及地點。
4. 審查社員資格。
5. 確認章程草案。

發起組織

1. 7人以上（聯合社二社以上）。
2. 由發起人會商擬定社名業務項目及業務區域。
3. 預計社員人數及股金總額。
4. 報請主管機關許可籌設。

主管機關許可籌設

召開籌備會

函報主管機關核准創立

開會日期、時間地點人數、討論事項。

1. 創立會開通知應於7日前寄發。
2. 通知社員出席及有關機關派員列席指導。

發出開會通知

1. 報告籌備經過。
2. 審議通過章程。
3. 審議通過年度業務計畫及收支概算。
4. 審議通過加入聯合社為社員及認購股金金額。
5. 審議通過對外貸款最高金額。
6. 審議通過往來行庫。
7. 審議通過繳納股金之期限及報辦成立登記日期。
8. 選舉理、監事及出席聯合社代表人。

召開創立會

選舉理、監主席

召開理監事會

1. 成立登記申請書2份。
2. 創立會決議表2份。
3. 社員名冊總表2份。
4. 年度業務計畫及收支概算表2份。
5. 第一次理、監事會選舉理、監事主席之紀錄2份。
6. 章程5份。

理事會於1個月內向主管機關申請成立登記

刊刻並啟用圖記

主管機關核准完成登記後，應依《印信條例》之規定刊刻圖記開始營業，並填寫「開業日期啟用圖記函」連同圖模暨職員印鑑紙，陳報主管機關核備。

合作社成立登記完成

圖 7.2　合作社登記申請

資料來源： 屏東縣政府社會處，https://www-ws.pthg.gov.tw/Upload/2015pthg/18/ckfile/
1f58ddd4-ccef-4c30-b9d1-f79dfd01ab9b.pdf

（三）社會企業

　　廣義來說，「社會企業」通常指的是一個用商業模式來解決某一個社會或環境問題的組織，例如提供具社會責任或促進環境保護的產品／服務、為弱勢社群創造就業機會、採購弱勢或邊緣族群提供的產品／服務等。社會企業可以以營利公司或非營利組織之型態存在，並且有營收與盈餘。其盈餘主要用來投資社會企業本身，繼續解決該社會或環境問題，而非為出資人或所有者謀取最大的利益。在臺灣社會企業以營利公司型態出現時，並沒有為它專屬量身打造的法規，而是需要以一般公司行號營業設立來進行登記，因此它也不能享有如非營利組織或合作社在稅法上（例如營業稅和所得稅）的優惠。因此目前並不是太推薦以此種形式作為合法立案的主要考慮。不過若是居民對於災後重建所欲發展的產業是如表 7.1 所示的特定行業，或許以營利形式的社會企業來註冊立案，可能較以非營利組織所面對的阻力會小一些。

表 7.1　社區產業常見的特許行業之例外及限制

類　型	定　義	舉　例	可能涉及的法規內容
製作或販售化妝品	依《化粧品衛生安全管理法》第 3 條規定，化妝品定義為：施於人體外部、牙齒或口腔黏膜，用以潤澤髮膚、刺激嗅覺、改善體味、修飾	社區製作或販售手工皂、護手霜、護唇膏等直接與人體肌膚接觸之產品。	1.標示須符合規定。 2.化粧品製造場所應符合《化粧品製造工廠設廠標準》。

類　型	定　義	舉　例	可能涉及的法規內容
（續上頁）	容貌或清潔身體，且不被其他法令認定為藥物之製劑。		
從事觀光、導覽、生態旅遊與DIY	依照《發展觀光條例》，旅行業業務範圍如下： - 接受委託代售海、陸、空運輸事業之客票或代旅客購買客票。 - 接受旅客委託代辦出、入國境及簽證手續。 - 招攬或接待觀光旅客，並安排旅遊、食宿及交通。 - 設計旅程、安排導遊人員或領隊人員。 - 提供旅遊諮詢服務。 - 其他經中央主管機關核定與國內外觀光旅客旅遊有關之事項。	1.社區及生態導覽解說。 2.安排社區遊程與小旅行規劃。 3.社區DIY體驗。	1.非旅行業者不得經營旅行業業務。但代售日常生活所需國內海、陸、空運輸事業之客票，不在此限。 2.旅行業之設立，另依《旅行業管理規則》辦理。
餐飲提供及從事食品加工製造及銷售	依《食品安全衛生管理法》規定，食品係指「供人飲食或咀	1.販售手工餅乾及各式食品或加工品。 2.提供社區風味	依《食品安全衛生管理法》、《食品良好衛生規範

類　型	定　義	舉　例	可能涉及的法規內容
（續上頁）	嚼之產品及其原料」。	餐、咖啡、簡餐等服務。	準則》及相關規定，對於有關物品存放、保存期限、食品標示、販售環境、人員體檢、加工環境等，都有相關規定，主管機關有稽查的權力。
勞務提供	以社區作為媒介，直接媒合或引介勞力提供，未有直接銷售行為。	1.僅從事代工產業，產品未由社區銷售；或提供勞力服務。 2.社區看護、保母系統等提供勞務照顧服務。	1.從業人員之薪資扣繳與勞健保。 2.依不同產業別的證照需求，例如保母證照、照服員證照等。

資料來源：林家緯（2018），〈非營利組織經營社區產業適法性之省察〉，《台灣社區工作與社區研究學刊》，第 8 卷第 2 期。

步驟一　辦理商業登記
主管機關：市政府經濟發展局

各組織別應備文件： 請查詢經發局網址
http://www.economic.taichung.gov.tw
1. 商號：
申請書、負責人身分證明文件、資本
證明（25 萬以下免附）、建物權狀影
本或房屋稅單影本、建物所有權人同
意書或租約影本。合夥組織加附合夥
契約書及合夥人身分證明文件。
2. 有限公司：
申請書、公司章程、股東同意書、董
事願任同意書、股東資格及身分證明
文件、董事資格及身分證明文件、建
物所有權人同意書或租約影本、建物
權狀影本或房屋稅單影本、會計師資
本額查報告書及附件、委託會計師簽
證之委託書影本、設立登記表。
3. 股份有限公司：
申請書、公司章程、發起人會議事錄
及名冊、董事會議事錄及簽到簿、董
監事資格及身分證明文件、董監事願
任同意書、發起人資格及身分證明文
件、建物所有權人同意書或租約影本、
建物權狀影本或房屋稅單影本、會計
師資本額查核報告書及附件、委託會
計師簽證之委託書影本、設立登記表。

溫馨小叮嚀：商號、公司設立，應先辦理商業登記，再辦理營業登記。

溫馨小叮嚀：辦理流程及應備文件詳如該網頁登記專區＞商業登記＞表單及範例下載

溫馨小叮嚀：有限公司及股份有限公司應備文件不同，詳如該網頁登記專區＞公司登記＞應備書件及範例下載

圖 7.3　商業登記流程圖：步驟一

資料來源： 財政部中區國稅局，《我要當老闆／營業設立登記申辦流程》，https://www.
ntbca.gov.tw/etwmain/download?sid=14f5ee32eed000008b033113d7856d7a

步驟二　辦理營業登記
　　　　稽徵機關：營業地國稅局

各組織別應備文件：請查詢國稅局網址 http://www.etax.nat.gov.tw
1. 商號：
　　營業登記申請書、負責人身分證明文件及印章、商號或公司印章、房屋租約、房屋稅單、商業登記核准函影本。合夥組織加附合夥契約書及合夥人身分證明文件。
2. 公司：
　　加附商業登記核准函及公司設立登記表影本、公司章程。

> 溫馨小叮嚀：詳如該網頁書表及檔案下載 > 申請書及範例下載 > 營業稅 > 各類組織申請營業登記應附書件

步驟三　國稅局核准營業登記函復內容：
1. 營業人統一編號
2. 稅籍編號
3. 行業代號（營業項目）
4. 核定「按一般稅額計算自動報繳營業稅使用統一發票」或「按特種額計算查定課徵營業稅免用統一發票」之營業人。
5. 按一般稅額計算營業人，應攜帶統一發票專用章及負責人印章，辦理領用購票證。
6. 設置帳簿種類。
7. 應申報銷售額期限或按季寄發稅單。
8. 營利事業負責人於給付各類所得時，應依規定辦理扣繳或免扣繳。

> 溫馨小叮嚀：收到核准函，請核對資料並研閱內容之各項核定、注意事項。

> 溫馨小叮嚀：每月銷售額達 20 萬元以上，核定使用統一發票；20 萬元以下，核定免用統一發票。

* 營業設立登記申請書及範例下載：http://service.etax.nat.gov.tw/etwmain/front/ETW212W?codeId=NDownload9

圖 7.4　商業登記流程圖：步驟二、三

資料來源：財政部中區國稅局，《我要當老闆／營業設立登記申辦流程》，https://www.ntbca.gov.tw/etwmain/download?sid=14f5ee32eed000008b033113d7856d7a

步驟四　依《營業稅法》第 28 條規定，營業人應於開始營業前，向主管稽徵機關（營業地國稅局）辦理營業登記。

但下列情形得免辦營業登記：

1. 鄉村住宅依民宿管理辦法申請登記作民宿使用，客房數 5 間以下，客房總面積 150 平方公尺以下，未僱用員工自行經營。

2. 個人以營利為目的，透過網路銷售貨物或勞務者，如每月銷售額未達起徵點者（銷售貨物 80,000 元、銷售勞務 40,000 元），得暫時免辦營業登記，其「每月銷售額」認定，以最近 6 個月之銷售額平均計算。

3. 依「護理機構設置標準」設置之產後護理機構，提供之產後護理服務，免辦營業登記。

4. 營業人將店面分格出租予承租人銷售貨物，承租人應辦營業登記，惟最近 6 個月平均每月銷售額未達 8 萬元者，得暫時免辦營業登記。

5. 自然人及其他非以營利為目的之事業、團體、組織，設置再生能源發電設備並將產生之電能全數銷售者，如無其他銷售行為且最近 6 個月平均每月銷售額未達 8 萬元者，得免辦營業登記。

6. 專營營業稅法第 8 條第 1 項第 2 ～ 5、8、12 ～ 15、17 ～ 20、31 款之免稅貨物或勞務者（《營業稅法》第 29 條）。

溫馨小叮嚀：未依規定辦理營業登記，處新臺幣 3,000 ～ 30,000 元罰鍰。

溫馨小叮嚀：不論銷售額是否達起徵起點，應辦理營業登記，惟左列情形得免辦營業登記。

溫馨小叮嚀：網路銷售一旦當月銷售額達起徵點者，應即向國稅局辦理營業登記並報繳稅款，以免被補稅處罰。

* 營業稅 Q & A
http://www.etax.nat.gov.tw/etwmain/front/ETW118W/VIEW/411

* 網路課徵營業稅 Q & A
http://www.etax.nat.gov.tw/etwmain/front/ETW118W/CON/679/5107390151415478714

圖 7.5　商業登記流程圖：步驟四

資料來源：財政部中區國稅局，《我要當老闆／營業設立登記申辦流程》，https://www.ntbca.gov.tw/etwmain/download?sid=14f5ee32eed000008b033113d7856d7a

步驟五　營業稅申報或查定：

1. 按一般稅額計算自動報繳營業稅：稅率 5% 不論有無銷售額，應每 2 個月為 1 期，於次期（單月）15 日前，填具申報書檢附退抵稅款及有關文件，向主管稽徵機關申報銷售額、應納或溢付營業稅額，有應納稅額者應先繳納後申報。（《營業稅法》第 35 條）請使用網際網路申報營業稅，當因登錄錯誤，多報進項稅額比率及少報銷項稅額比率，均在 7% 以下，免罰。

2. 查定課徵小規模營業人：稅率 1% 由國稅局查定每月銷售額，達起徵點銷售貨物 8 萬或銷售勞務 4 萬元以上，每季寄發稅單。

> 溫馨小叮嚀：未依規定期限申報銷售額或統一發票明細表，應加徵滯報金（《營業稅法》第 49 條）

> 溫馨小叮嚀：查定課徵小規模營業人，應於每年 1、4、7、10 月之 5 日前，檢附上一季載有稅額進項憑證扣減查定稅額。

步驟六　稅額計算：按一般稅額計算

1. 每期銷項稅額減進項稅額，餘額為正數即為應納稅額，餘額為負數即為溢付稅額。

　　銷項稅額－進項稅額＝應納稅額 或 溢付稅額

2. 銷項稅額計算：
　　銷售貨物或勞務時，按銷售額依徵收率，向買受人收取營業稅額。
　　銷項稅額＝銷售額×稅率

3. 進項稅額扣抵：
　　購買貨物或勞務時，所支付之營業稅額。
　　進項稅額＝進貨金額×稅率

3-1. 下列進項稅額不得扣抵：

(1) 購進之貨物或勞務未依規定取得並保存第 33 條所列之憑證者。

(2) 非供本業及附屬業務使用之貨物或勞務。但為協助國防建設、慰勞軍隊及對政府捐獻者，不在此限。

(3) 交際應酬用之貨物或勞務。

(4) 酬勞員工個人之貨物或勞務。

(5) 自用乘人小汽車。

（《營業稅法》第 19 條）

> 溫馨小叮嚀：銷售貨物或勞務時，應依開立銷售憑證時限表規定之時限，開立統一發票交付買受人。

* 營業稅申報繳納軟體下載
http://tax.nat.gov.tw/info.html?id=2#

圖 7.6　商業登記流程圖：步驟五、六

資料來源：財政部中區國稅局，《我要當老闆／營業設立登記申辦流程》，https://www.ntbca.gov.tw/etwmain/download?sid=14f5ee32eed000008b033113d7856d7a

四 小 結

　　災後的重建，需視受災居民（社區）原有的生活環境、生活型態與產業經濟因災害所造成的損害程度，以及透過與居民進行充分討論並進行周全的整體性評估，確立彼此的共識與目標後，選擇適合居民進行復原的方法擬訂計畫，並藉由執行每個階段或過程，進行評估與檢討以修正或維持原有計畫。非營利組織或社區工作者應具備跨文化能力，充分理解與尊重因不同文化脈絡與條件，所形成的多元重建模式。社區工作者可提供相關法令、跨專業資源等重要資訊，以協助由居民所組成的工作團隊，在選擇適合團隊未來發展的模式後，完成該有的運作架構與基礎，並以公共利益最大化與永續發展為前提，作為災後重建與發展的重要憑藉。

第八章

災害預防與備災準備

謝祿宜、吳秉翰

一 前 言

　　臺灣除了位於高自然風險地區，也因著高度都市化與工業化，使得人為災害風險居高不下。過去 20 年來臺灣社會面對了九二一大地震、八八水災、八仙塵爆、高雄氣爆、0206 美濃大地震等災害，社會大眾開始對於災害預防與備災準備有些許的意識。在九二一大地震後，政府成立了災害防救辦公室，來統籌協助推動相關的工作；而在八八水災之後，更在災害防救科技中心的主導下，積極地推動各項與防災社區業務相關的活動方案。同時，在面對全球人文與自然環境快速變遷的影響，2015 年 9 月 25 日，聯合國舉行「聯合國發展高峰會」，立基於千禧年發展目標上，發布了《翻轉我們的世界：2030 年永續發展方針》[1]，作為未來 15 年內（2030 年以前），成員國跨國合作的指導原則，期待能經由這些措施協助世界有更安全、平等的發展。然而不論是臺灣政府或是聯合國所欲達成的永續發展，要能在地方層級落實與扎根，都會需要不同的非營利組織協力才能成就。因此本章將就非營利組織如何協力災害預防與備災準備的相關工作來進行討論。

1　　https://www.un.org/sustainabledevelopment/

二　災害預防與流程

（一）喚起社區／民眾的風險意識與增強其風險辨識的能力

　　當非營利組織要協力社區／產業進行災害預防工作，首先要做的是**喚起社區／民眾的風險意識與增強其風險辨識的能力**。臺灣雖然是名列災害高風險國家，但多數的民眾在面對災害這個議題時，仍有「不會影響到我」、「我不會這麼倒楣」、「災害很久才會發生一次」、「反正遇上了就是命，跑也跑不了」的鴕鳥心態，因此除非能真正喚起社區／民眾的風險意識和他們對風險辨識的能力，發自內心理解災害預防的重要，否則再多的計畫和演練都將會流於形式，不會產生真正的效應。

　　除了有受災經驗的社區會主動積極的正視災害問題外，要推動災害預防的工作要先組織（聚集）社區居民／產業工作者，而災防工作推動順暢與否，則是要先找出社區中的關鍵人物，例如社區中有名望、有地位的、能做決策的關鍵人（例如部落耆老、村里長、教會牧者、宮廟負責人、社區發展協會理事長／總幹事等），也有少部分可能是外部的人物，如專業人士、公部門、大學教授等，讓他們有機會重視並能回溯災害與自身所處生活環境的相關連結，了解過去各種受災經驗和感受，同時區辨出不同災害類型帶來不同的衝擊，以及影響層面。藉著這樣的生命回顧，激發民眾自身的防災意識，才能有助於後續工作的推動。

（二）界定社區／居民對於其專屬的特殊需求和相對應之溝通策略

再來是**界定社區／居民對於其專屬的特殊需求和相對應之溝通策略**。由於每個社區／企業所處的環境空間和在其中生活的民眾特質都不盡相同，因此即便面對相同的災害類型，民眾的需求也各不相同，因此在喚起民眾的風險意識和辨識能力後，要針對他們的情境條件來設想之後要如何與民眾共同討論相關的災害預防工作的進行。例如，偏鄉社區建築物分布密度相對低，集合式住宅較為罕見，但高齡人口數相對多，因此如何與居民溝通面對災害的處理方式，就會與大都會中的集合式住宅和自主逃生能力較佳的年輕人口有很大的不同。如果不能在這個階段說服民眾他們的參與是必要且重要的，那後續各項計畫的擬定，絕大多數將會淪為紙上作業而已。加上同一社區中的民眾，在職涯階段、生活與生命經驗也不盡相同，因此如何能完善地與他們溝通，讓他們願意中斷日常步調、真心參與防災準備工作，也是一大挑戰。然而如果沒有這些前置的準備工作，所有災害預防的推動都將流於假象，沒有辦法真實進入民眾的生活之中，更不要說能夠在遇災時下意識地被呈現出來，協助降低受災情況。故在防災工作推動時，找出誘因並配合在地人文風俗與習慣是重要的，例如配合當地節慶融入其中、適度發放物品吸引民眾、配合群眾團體活動時段等，善用機會帶他們看見減災工作如何對社區與個人產生雙贏的局面，開創災害預防的合作契機。

（三）繪製社區防災地圖與防災計畫

能夠理解社區／居民的特殊需求，並得到他們的支持後，

接下來就是**依據各類型的特殊需求，進行環境掌握和內部／外部資源盤點等相關資訊蒐集，並繪製相關的社區地圖，最後依據這些資料擬定各類災害預防計畫和訓練**。在這個階段中，非營利組織首先要協助社區／居民成立工作小組，透過組織的分工，進行環境掌握、內部／外部資源盤點等相關資訊蒐集。這個動作一方面是希望能讓更多的居民參與其中，使其與災害預防工作產生連結，因為透過活動參與，居民較能產生認同感，促進連結與日後參與防災計畫演練的意願。另一方面是臺灣當下工作生活的氛圍，事實上是不利公共事務參與的，若需投入過高的時間參與相關資源盤點和防災地圖的繪製，會阻礙民眾加入的意願。因此利用工作小組以組織分工的方式來進行，是較為可行的方式。而工作小組的組成則可以結合原社區的既有組織，除了增進團隊溝通效率外，也容易達成共識並做有效的資源整合工作。

（四）計畫實際演練和進行滾動式計畫修正

最後是**計畫實際演練和進行滾動式計畫修正**。在各類防災計畫完成之後，就是計畫實際演練的階段。這個階段要模擬社區各種受災及災情狀況，進行人力分工、物資募集、管理及發放分配、後續家園／心理／生計重建等各項狀況去演練，並透過演練來修正計畫。在這個過程中，協助社區辦理相關演練的非營利組織也要適時提醒各社區必須要將如何與公部門以及外來協力團隊的互動納入演練之中。雖然在災害發生的當下，社區自助互助是最重要且最有效的降低災害影響之手段，但外來的資源投入與參與也是相當重要的，因在災難現場管理之主責單位為政府部門，而社區也可將管理權由第一時間的自主管理轉交由政府部門接手，讓非營利組織更可以專注於現場所需協力的工作，唯有公

私部門彼此合作才能讓忙亂的災害援救工作得以順利進行，讓受災的民眾可以得到最大、最快且最合宜的服務。

除了上述的考量外，在整個災害預防的過程中，最重要是非營利組織的工作者必須擁有和參與防／備災工作的夥伴間良好**對話**的能力，也就是能夠以夥伴慣用的**語言和理解**方式進行溝通，例如在沿海偏鄉地區，如何將防災知能轉換成當地高齡長輩易懂合用的方式，並以臺語與其對話，會是防／備災活動能否落實的關鍵。

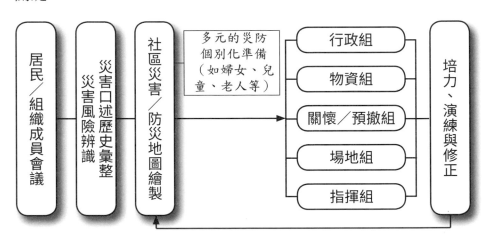

圖 8.1　社區防災準備流程與編組

資料來源：作者整理。

三　備災準備

雖然各類災害（含人為災害）發生的時間點是沒有辦法準確預測的，但藉由目前資訊科技的協助，我們可以針對各類災害做

出相對的備災準備，尤其是面對天然災害的挑戰，積極的備災準備可以將災害所帶來傷害降至最低。

在備災準備上，非營利組織應協助社區／產業的第一項任務是**建置社區本身的常設災害援助編組及任務分工**。在災害預防計畫的演練過程中，所有參與者應該要分別扮演不同的角色，以期能夠在災害發生時相互補位和協力，但不管是社區或機關／機構都應該要有自己常設且具體可執行的災害援救編組與任務分工，以作為援助服務啟動的核心。也因為有這樣的援助編組與分工，才能讓工作人員彼此理解對方的角色與任務，當需要開展援助服務時，工作人員彼此間有互動的依循，不致於讓有些服務很多人搶著做，而有些工作卻無人可承擔。

第二是針對災害好發時間（例如颱風季節、汛期或是觀光旺季），協助辦理**援助服務指揮工作小組定期會議**，由非營利組織的工作者與社區居民共同參與。在會議中除了就過往（去年）資料彙整與分析來推估今年發生災害的機率和預防策略外，並依不同的災害類型，修正更新過去各項災害回應流程。同時協助小組成員就本年度的備災行動進行深度的對話與溝通，以強化彼此的合作默契，確保災害發生時的互動順暢度。

第三是協助**辦理各項備災物資／器具的盤點，和確認避災空間的使用安全性及即時可用性**。在災害發生的第一時間民眾如果可以立即啟動自救的行動，因受災而導致財產與人命損失就可以減到最少，而各項備災物資與器具是否到位，就是這些自救行動能否順利展開的重要基礎，尤其是各個避災空間的使用安全性，以及是否能立即使用，會影響到後續各項災害救援服務的開展。雖然各個避災空間的選定權在公部門手上，但社區與居民應該要參與其中，同時也需要在平時扮演善良管理人的角色，協助公部門管理避災空間，以確保災害來臨時，可以立即成為居民的

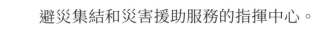
避災集結和災害援助服務的指揮中心。

第四是**確認與相關單位（含防救災機構及政府部門）互動的窗口**，彼此建立合作機制與默契。不論是何種災害，一旦發生，現場必定是混亂和充滿緊張的，為了讓正確的相關資訊可以在第一時間傳送到位，對話窗口的設定也是備災準備重要的任務。因為災害現場的訊息瞬息萬變，對話窗口必須是要能精確掌握所有相關單位訊息傳遞的習慣和所欲表達的意思，以降低各種消息誤判的可能，因此這部分會需要一位（一組）具備良好溝通技巧，且對災防事務／政策／措施有一定理解的人員，而且要能跟互動單位彼此間有良好的信賴基礎。而這些特質是需要時間來培力的，因此它也會是備災準備工作中重要的一環。

最後則是辦理區域演習。不論是兵棋推演或是社區災害預演，藉由實際操作找出溝通盲點與災害救援死角，各組別所反映出的困難與問題可以在過程中被釐清，演習當中若能加入政府部門角色與相關資源單位將會更加完善。定期的災害演習除了印證上述步驟工作的成效外，也能喚起社區平時的災害危機意識，深化社區居民的集體防災意識和居民防災技能的提升。

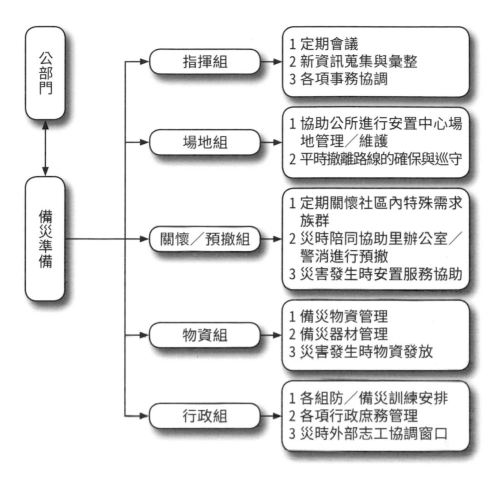

圖 8.2　備災準備

資料來源：作者整理。

四　防／備災與社會倡導

　　對有意投入災變援助工作的非營利組織來說，在防／備災工作的推動上，除了協助有意願的團體／組織進行有系統的培力工

作之外，同時也應該針對其他的組織或民眾進行相關的社會倡導工作。畢竟災害的發生可能影響到的是每一個人，唯有平時做好準備，才能在災害發生時，將傷害降到最小。

　　一般而言，防／備災的社會倡導（如圖 8.3）可以大略分為以下四個部分來進行：

　　1. 知識建構與傳承；
　　2. 活動辦理；
　　3. 出版／政策倡議；
　　4. 資訊交流平臺的建置。

　　其中資訊交流平臺的建置，因涉及的範圍較大，詳細的操作方式將於第十章獨立討論。

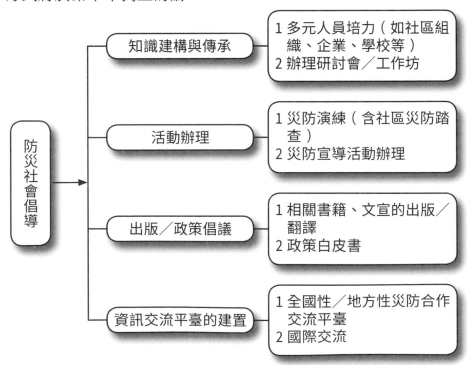

圖 8.3　防災社會倡導

資料來源：作者整理。

（一）知識建構與傳承

不同於先前各章中所提到的，非營利組織應針對有意願長期投入準備災害援助的單位，進行有系統的培力與準備工作，在這個階段，非營利組織可以利用各種的機會，針對防／備災相關知能做單次／系列的課程訓練，例如到國中小學進行相關的防／備災知能的訓練，藉以提升社會的防／備災意識，協助民眾對災害有更多的認識與準備。也可辦理相關的研討會或工作坊，來促進災害管理相關的知識交流與學習。

（二）活動辦理

除了訓練課程、研討會或工作坊等方式外，非營利組織還可以善用各種活動方案，以輕鬆有趣的方式來對社會大眾進行倡議與宣導。例如結合國家防災日，辦理相關的防／備災嘉年華活動；或是開發防／備災的相關桌遊，到其他單位進行活動推廣。

（三）出版／政策倡議

非營利組織可蒐集或彙整相關的服務經驗集結成冊來出版，出版品除了可以作為組織本身或到外單位進行教育訓練與交流之外，也是很好的宣傳品。因為無論非營利組織投入再多的人力來進行防／備災的宣導，一定會有能力所不及之處，但透過出版品的傳播，可以彌補這樣的不足，讓更多人能夠接觸到災害管理的相關資訊。同時，也因為相關的經驗資料經過彙整與分析，足以成為強而有力的佐證，作為協力政府政策制定與修正的參考。

（四）資訊交流平臺的建置

當災害發生時往往會有許多組織投入援助工作，然而如果這些組織在平日並沒有互動與建立友善的溝通管道，在援助工作的過程中就會出現各自為政的狀況，反而不利於在最短的時間內將資源送達給有需要的民眾。因此在防／備災時期若能有常態互動的平臺出現，不但有利組織間建立互信基礎，同時也可以藉由平臺交換各種資訊，建立合作默契，並形成一定的倫理自制規範。當災害發生時還可以確保所有參與其中的單位或個人能夠以最有效率的方式協助民眾，並同時確保自身的安全。除此之外，資訊交流平臺亦可以成為相關國際交流的中介。臺灣的非營利組織以中小型機構為主，若要以一己之力邀約其他國家進行經驗交流，實屬不易，此時平臺可以作為集結眾人之力的媒介，讓交流的進行可以以最小成本達到最大果效。最後，平臺也可以是連接民間與政府對話的橋梁，透過常態的互動與對話，非營利組織與公部門可以相互理解，產生有效的溝通，這不僅有助於防／備災時期政府政策的下達與民情溝通外，對於在災害發生後彼此合作默契的磨合也會有很大的助力。

五 小 結

平時的防災及備災對於災害管理是相當重要的工作，但這些事項往往在災難過後，才又被社會大眾所重視，因此非營利組織須於過程中扮演催化與使能者的角色，提升社區互助與自助之精

神，當災害發生時，使社區能夠將傷害降到最低。因此如何協助提升社區民眾對於災害的風險意識、災害辨識及自我保護能力，是非營利組織致力於災害援助服務的重要工作之一。除此之外，非營利組織也可以協助民眾瞭解整體社區資源網絡（人口、背景、文化等）、建構資訊交流平臺、組織社區互助團隊，於災前進行分工、硬體設備盤點、人員培力與不同災害的模擬演練等工作，讓所有的災害準備工作得以更加完善，同時也讓社區防／備災的功效與韌力逐漸被建構起來。

第九章

災害服務與非營利組織內部人力資源管理

謝祿宜、李祈恩

一 前 言

通常在災害發生的當下，非營利組織第一時間能夠掌握和調派的工作人員一定是組織本身的專職人力，而在八八水災的經驗裡，也能清楚的看見各聯盟成員派駐在緊急和中繼安置服務站的主責工作人力都是組織本身的專職工作者。既然是專職工作者，就代表她／他手上一定有著例行的工作業務，因此要機動地配合突發的災變服務，對於工作者和機構來說，首先要面對的是如何在既有工作與新增服務中取得平衡，志工是緊急和中繼安置服務中重要的支援人力，可能協助的工作從物資整備到災民關懷陪伴，都可以見到他們的身影。有些非營利組織本身就有長期經營的志工團隊，但對很多參與災害援助的非營利組織來說，災害區域服務的志工也可能是臨時召募／志願前來的，僅能在極短的時間內進行教育訓練。然而不論是哪一類的志工動員，所牽涉的管理議題既深且廣，無法在本章中完整說明，因此不在此進行討論。本章只就非營利組織內部專職工作人力，在災害援助服務上可能會面臨的問題進行探討。

雖然臺灣已經歷了九二一大地震和八八水災二次大的天然災害，但是大部分的非營利組織並未有常設的災害應變服務之編組，或是針對組織內的工作者進行災害演練，對工作者如何交接例行性工作及相互支援缺乏明文規定，因此在面對災害發生的第一時間，人員的調配是很大的挑戰。少數的非營利組織，如世界展望會有常態的災防編組，其主責工作的同仁會先就災害進行評估，進而啟動相關的援助活動行動，但即便如此，災防編組的人

力依然無法單獨承擔所有災害援助的工作，而是需要展望會在各個災區之原本駐點工作同仁的協力，才有辦法讓災害援助的工作順利推動。此外，多數的非營利組織大都是依賴在災區原有工作者自動（或主管親自帶隊）支援，反而讓工作者處在相對焦慮／高壓的狀況，因為一方面要支援瞬息萬變的災害服務，另一方面還要兼顧原本例行的工作，確保原有服務對象的權益。因此有意願參與災害援助服務的非營利組織，必須要能在防／備災時間就對組織例行的工作調配與人力編組有所規劃，方能在災害來臨時，以最佳的情況來應對。

另外，在八八水災的經驗中，可以發現不同於由組織主導的特殊案例，也就是至善基金會和當時任教於長榮大學的助理教授黃盈豪的合作。黃盈豪老師在九二一震災重建時期受僱於至善基金會，建立了長期的合作關係。在八八水災之前，至善基金會在南部是沒有辦公據點的，雖然至善的工作夥伴在災害發生的當下，正好在災區拜會友人，面對嚴峻的災情，力主至善基金會必須投入相關的援助服務，因基金會無法立即從既有的人力中調派，藉由黃盈豪老師的中介，協力串接在地的社會資本網絡，召集了一群可立即協力的夥伴，進而成為日後至善基金會在南部發展工作的基礎。

然而不論是哪一種組織，在參與緊急援助服務工作之後，都會面臨工作量暴增，人手不足的困境，一方面是莫拉克的災情嚴峻，受災民眾所需的服務十分多元且複雜；另一方面是因著九二一大地震的經驗，不少非營利組織已經有意識到災害援助服務的工作是需要長期投入，方能有所成效的。因此不論是有獨立運作面對災害能力的家扶基金會或世界展望會，或是參與八八水災聯盟的各個非營利組織，都在緊急援助服務工作穩定後，開始啟動工作人力召募的流程，希望藉由徵聘新血讓災害援助的服

務能夠被順利推動。但新人的加入對工作者本身和機構都是很大的挑戰，因為他們對於被交付的工作必須要能立即上手，還要能快速對接母機構原有的服務與工作文化，因此在八八水災的經驗中，有一段時間參與援助服務的非營利組織都被迫要面對快速的工作人力流動對組織人力資源管理所帶來的挑戰。因此在統整了八八水災聯盟成員組織在災害援助工作調整和人力編組的經驗後，本章嘗試提出以下的人力編組和訓練設計，希望能提供給非營利組織作為未來調整組織內人力資源管理的參考。

二　非營利組織災害援助人力編組的可能

在組織原有研究發展組下新設災害援助服務組，其主要的工作項目在平時有四大項：1. 資料庫建置、2. 教育訓練、3. 政策倡議和 4. 相關服務平臺的串連。在災害發生時，則負責統籌服務執行的各項相關業務（含災情評估和募款計畫的撰寫）。

防／備災時期的四大工作，簡單說明如下：

（一）資料庫建置

包括各服務地區基本資料之建置（詳見第二章災害評估）、各國災害管理相關資料蒐集與整理，以及防／備災訓練教材／教具開發等。

（二）教育訓練

　　可分為內部訓練與外部培力二部分。對內訓練指的是組織內部工作人員的培訓，由於災害有高度不確定性，因此雖然有常設的主責工作小組，但組織內的所有同仁亦需要一定程度的整備；外部培力則是針對服務對象的社群與組織所在地的社區進行相關的防／備災教育與訓練。

（三）政策倡議

　　是指對相關的政策做出回應，以及針對實際上須落實的防／備災工作或需求進行倡議；或是對於政府相關現行災害預防與救助制度、流程或法令進行檢討與建議。

（四）相關服務平臺的串連

　　災害援助服務組成為組織在災害援助服務的對外窗口，代表參與各項防／備災聯繫會報或工作平臺會議，累積深化組織與其他夥伴團體的信賴及互動關係，以利災害援助服務的執行。

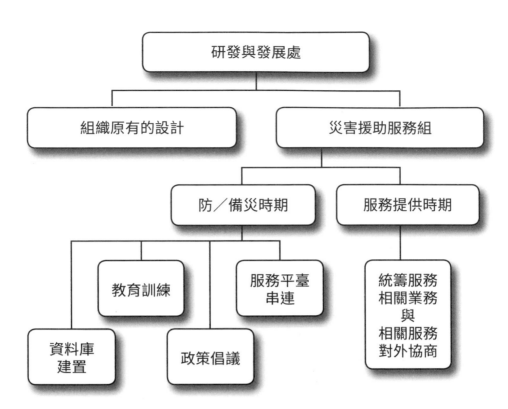

圖 9.1　非營利組織災害援助的人力編組設計

資料來源：作者整理。

三　災害援助服務組：人員召募與培力

　　災害援助服務小組的人員召募，最直接的方式就是從既有的研發組和人力資源發展組的工作人力，來做業務擴大化的意願徵詢，一方面這些工作者對於資料蒐集與判讀以及工作人員訓練的業務相對熟悉，另一方面他們的原有業務也具有較高的彈性，對

於組織內部業務調整上的衝擊相對而言比較小。若是組織有人力擴編的可能，則可以考慮進用具跨域／專業能力的人員，例如同時具備科技／社福專業，或是消防／社福專業的工作者。一方面可以快速融入機構的組織工作文化，二方面他們的跨域／專業知能，有助機構在發展災害援助服務的多元工作能力。

當工作團隊人員到位之後，培力方案必須同步啟動。一方面配合目前的政府政策，支持與鼓勵團隊成員取得防災士證照[1]。另一方面依機構本身對於組織參與災害援助服務的設定，進行主責工作知能培訓，例如機構將自己定位在全程參與援助服務，就需針對災害管理四階段中各個層面的工作項目，排定相關的訓練課程；若組織主要的援助服務工作是物資管理，則需針對該服務項目進行相關的知能培訓。

除了常設性的災害援助服務組人力之外，在參與災害援助服務時，非營利組織通常也會因著業務量的增加而進用新的工作者。在八八水災的經驗中，我們看到非營利組織無論是因自身募款，或是因為申請相關的援助服務方案，都是在組織原有業務之外新增的工作內容，因此需要進用新工作者。然而面對災害援助工作（尤其是災後重建）的急迫與多變的特質，新手社工基本上沒有辦法有系統的參與相關的職前訓練，在相當程度上需要依賴在職訓練（師徒制）來協助服務的提供。而組織的常設災害援助服務組通常就需要扮演「引導」的培力角色，過程中除了要協助新手工作者認識／認同組織使命與願景、陪伴新手工作者快速融入組織既有的工作文化與步調；還需要與新手工作者一起面對與

1　依據內政部消防署的「防災士培訓及認證管理要點」公告，2019年起各地方政府須開始辦理防災士訓練計畫，以培育防災活動之核心參與者。相關資訊請參閱官網公告 http://pdmcb-achievement.nfa.gov.tw/dp/intro

解決在災害援助服務過程中所遭遇的各式問題與挑戰，並且針對這整個過程中不合理的地方，提出相關政府的政策倡議，因此對於災害援助服務組的培力工作，亦需針對人力資源管理（尤其是用人與留才）和政策分析與倡議二方面來進行。最後，由於團隊的工作特性與一般例行性服務不同，組織必須給小組全面支持，並且要能針對災變服務業務的特性，在員工的服務績效評估指標上有所回應，方能留才。

四　災後重建人力資源管理的類型

除了組織內部的災變服務人員編組之外，非營利組織在參與災後重建的過程，也會因著業務拓展的需要進用「臨時」[2] 的新工作人力。而這批人力通常有二大工作模式：外展與駐點，二者要面對的工作情境是非常不同的，也因此挑戰著組織的人力資源管理想像。

1. 外展模式

絕大多數的非營利組織都會採用這樣的工作模式，一方面它是組織原本就熟悉的工作方式；二方面，採用外展方式有助於新進人員快速融入組織文化與建立歸屬感。在這個模式下，工作人力多採定時定點的任務中心方式來與受災區域居民／在地組織進行互動，並協力災區復原重建，除此之外，他們也需要分擔其他

2　「臨時」是因為組織通常在進用這樣的人力時，都會明確跟應徵者說明這是因應重建業務所徵聘的人力，因此有一定聘僱時程，雖然有可能在未來可以轉為例行性業務的受僱者，但這是高度不確定的。

機構本身例行的業務。工作者多採「間接」培力的方式來陪伴受災社區與居民，例如辦理培訓課程。對於實際重建工作的推動，多半是以諮詢者／方案管理者或是資源連結者的身分出現，並不會全力投入其中或是實際參與工作進行。

採用外展工作方式進行培力／陪伴的組織，通常在重建中執行的是以組織為中心主導的重建方案，例如非營利組織本身原本就是協助兒少的機構，重建服務方案也就會集中在兒少服務上。因此這個工作方法所帶來的成效，容易與培力災區／在地組織的認知有落差，讓工作者與被陪伴的居民／組織同感挫敗。因此若是要採用這樣的工作模式，非營利組織必須要能有讓工作者更多工作裁量權，可以在既定的方案執行過程中有彈性調整的空間，同時也要能夠支持工作者在方案執行過程中，同步進行居民組織與串連的工作，而非僅是著重在培訓課程的顯性成效，例如課程參與人數與產出固然重要，但課程參與者有多少是可以成為組織在推動重建路上長久相伴而行的夥伴？又如何讓這些人能夠被組織串連起來，使這股力量得以被延續，作為非營利組織在重建工作階段性任務完成後可以交託接棒，確保重建成果永續發展重要的依靠，這是非營利組織在人力資源管理上特別需要去思考的。

2. 駐點模式

這個模式是把工作人力派駐在協力重建的社區裡，與在地居民一起工作。如果這時被派駐的是因著重建業務拓展而進用的工作者，他／她與非營利組織的關係會相對的疏離，他／她也無須分擔組織例行性的服務。加上這類工作者要協助進行的方案，通常是以重建社區的需求為依歸，與原本機構的例行工作性質會有一定的區隔，例如組織原本是服務兒少，重建方案是與經濟安全有關，因此對於機構原有的願景認同與使命推動會有一定的衝

擊，如果工作者又是新進人員，則會需要更多的轉譯協助，以增強對組織的認同與工作文化的融入。

因此在災後重建人力資源管理上可以針對以下幾個部分來進行調整：

1. 徵　選

在徵選階段可能就必須要考慮組織在參與重建的策略是外展還是駐點，依著策略的不同去進行徵選的規劃，而非延用機構原有的選才機制，才能減低人員流動率，協助穩定組織人力進用成本。

2. 訓　練

依據重建策略客製化人員訓練，而非比照組織原本的訓練流程。一方面是因重建進用的工作人員人數極少，不見得符合過去機構新進人員訓練規畫的思維；另一方面重建工作的內容與可能遭遇的困難與挑戰，與組織既有業務執行是非常不同的。組織應可嘗試引入合宜的外部督導，以客製化的在職訓練（on-job training) 方式進行。這樣的規劃對於提高工作人力的挫折忍耐度和問題解決能力是相對有效用的。

3. 用人（績效考核）

每一個非營利組織都有行之有年的績效考核系統，為了公平起見，不太可能為新進的重建服務工作者去做大規模的調整，或重新設計新制度；但重建工作的推動受到環境情境因素和重建區特質的干擾甚大，因此如何在既有的系統內加入干擾因子的考量和調整原來績效指標的權重，就成了非營利組織能否留住重建工作者非常重要的元素了。一般而言，干擾因子與服務區基礎工作重建的狀態是一致的，也就是說如果道路修復的進度緩慢，許多

的服務產出就一定會受到影響；而原有的績效指標在許多非營利組織是以增量指標來呈現（也就是服務量能的提升），但災害援助服務的宗旨是希望減少／降低服務需求，因此績效指標必須是不同思維的想像，否則會嚴重打擊工作人員的士氣。

4. 留　才

在八八水災的經驗裡，除了在重建路上先行離職和半路轉職的，可以看見三大類不同的人力資源管理的策略：

☞ **轉職成為友伴團體的工作者**

這個部分通常是採取駐點工作模式的非營利組織會採用的方式，因在重建的過程中，組織已培育出社區在地力量／團隊，且因重建工作而加入的工作夥伴在過程中是一路與在地社區／夥伴一起工作，因此重建結束後，加入在地團隊並投入社區發展工作的可能性是高的，例如世界展望會培力的工作者後來加入了禮納里的拖鞋子部落工作。

☞ **工作人力歸建**

這是採用外展重建策略的組織比較容易做的人力管理運用。因為在這個模式下，工作人力原本就會分攤組織例行性業務，因此當重建結束後，工作人員回歸非營利組織人力編置是較無違和的，例如中華分析溝通協會和家扶基金會都在重建工作告一段落之後，讓工作人員歸建組織。

☞ **成為被培力的非正式外部工作夥伴**

這類多為因著非營利組織完成重建的階段性任務之後，無力續聘，使得這批因重建業務而進用的工作者必須另謀出路，但因在工作期間已經與非營利組織建立一定的關係與連結，因此雖然離開非營利組織，但仍然會在有需要時協助社區／居民再行與機構聯絡，到目前為止，在勵馨基金會和勤和里的互動上，這種互

動模式仍在持續進行中。因此，機構在規劃新進人員留才策略的時候，應將組織長期資源網絡可能產生的效應納入思考，讓這類階段性的培力工作在任務目標結束後，除了能繼續為機構帶來外溢的資源連結效應外，也同時善盡了組織的社會責任。

五　小　結

近幾年非營利組織災防工作人力，因著災難的偶發性與非營利組織本身業務主體性，造成人員因災害服務之任務結束、業務更替被迫中斷，或是人員更替轉職，進而讓組織援助災害服務的經驗流失，對災害實務操作的經驗累積造成一定程度的影響。因此如何落實災害服務人員的培力與支持，營造一個對災變社工更友善的工作環境，為臺灣非營利組織在無災時期的重要課題，因為臺灣所面臨的災害風險極高。更進一步來說，為了善盡社會責任與做好知識管理，非營利組織有必要共同重視且轉換思維，將災害服務工作視為既有社會福利工作延伸的觸角，畢竟非營利組織的既有服務對象中絕大多數都是最易受災，且受災程度最深的族群。組織工作者唯有能夠充分理解與掌控災害援助服務，方能確保與落實日常的服務成效。而這一切的人力資源安排要能真正**落實**，還是取決於非營利組織的**管理高層**，唯有管理決策單位主管（例如董事長或執行長）能夠支持，並重視防災工作實是有助於既有服務減量的重要助力，否則相關編制依舊無法發揮效用。

第十章

結論：邁向災害服務援助系統性發展的可能

謝祿宜

一　前　言

　　災害援助工作從來就不是單一組織可以獨立完成的，它需要很多單位與個人的合作，才能將傷害降至最低。而從前面各章中的敘述，也可清楚地看見，如果沒有平日的互動與對話，不同組織間要在混亂的災害現場有默契地的分工與合作，是十分困難的。八八水災聯盟是臺灣第一次運用聯盟形式進駐災區安置服務的例子，也可以發現因為有共同的對話平臺，讓提供安置服務的非營利組織可以將絕大多數的心力擺放在直接服務上，讓受災民眾可以得到最好的服務。而這樣的聯盟之所以能夠發揮它的功能，是因為參與的組織其實都是從協助 512 四川大地震就開始磨合與溝通的結果，而非一蹴可幾的。在國際人道援助服務的經驗中，聯合國系統也有類似這樣的平臺設計（the cluster approach），來協助它進行繁複的國際援助工作。因此本章希望能針對非營利組織間在平日如何串連與互動，做進一步的討論。

二　災害援助服務交流共學平臺

　　由於非營利組織互不隸屬且對等存在，加上災害服務的主導指揮權其實在公部門身上，因此由兼具公部門代表身分的財團法人賑災基金會作為平臺邀請召集的發起人會是比較適合的。而且這樣的平臺也不應該只有非營利組織參與，而應該將國家災害防

救科技中心（NCDR）、地方政府和學術單位納入，讓平時就關注這項工作的機關／機構可以一起對話與討論，相互學習與成長。

　　這個平臺約莫分為二大區塊：跨域和單一地區，希望藉由平時的經驗交流和共學機制，讓各個有意願參與的非營利組織可以建立起合作的默契，強化災時的溝通和互信基礎，使災害援助工作可以更順利進行。二個區塊間也有互相交流與對話的機制，讓共學與交流可以同步進行。

　　平臺的主要功能，除了讓參與的成員可以就自己的災害援助經驗進行深入的分享與對話之外，同時也著重共學的部分。因為臺灣的非營利組織多數是中小型機構，而且災害援助也不是多數機構的主要工作項目，要非營利組織單獨進行工作人員相關的援助服務新知（含技術）培力，其實成本是很高的，若能依參與的非營利組織所提出的相關培力需求，並藉由參與在其中的公部門（例如國家災害防救科技中心）來穿針引線與規畫、安排，將能更有效地提升臺灣整體的援助服務品質。同時，公部門也可以藉由這樣的平臺共學，來理解非營利組織在參與援助服務的各項優勢與限制，作為日後調整／修正相關政策的參考。

　　除此之外，這個平臺的成員也應該受邀參與並對接公部門例行性的災害聯繫會報，除了讓平臺成員有機會與未參與平臺運作的團體有更多的互動與理解，當有援助服務需求產生時，彼此的配合與互助分工也將會更有效率。同時，因為參與平臺互動而產生的默契，非營利組織之間將有機會形成跨組織的合作同盟，一方面可以讓整體的災害援助服務更有效率和品質，降低服務成本；二方面也可以避免服務過度集中或是各自為政，為災害帶來不必要的紛擾。

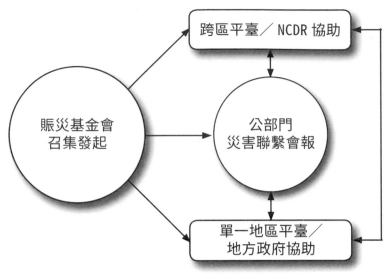

圖 10.1　資訊交流共學平臺

資料來源：作者整理。

（一）跨區交流共學平臺

　　這個平臺，理想上是由賑災基金會發起邀請國家災害防救科技中心來協助，基本上包含有三個部分：第一個部分是參與的非營利組織的負責人（CEO）小組；第二是實務負責災害相關業務的主管／工作小組，和第三的新知／研發小組。主要受邀參與的對象，會以中大型機構為主，因為這類組織在參與相關服務的過程中，會同時涉及到在地分支單位與機構總會的互動與分工，因此在平臺上需要對話與協調的複雜度會較單一區域平臺來的高。

1.CEO 小組

　　平時每年舉辦 1 ～ 2 次小組聚會即可，若是在應災階段，可視狀況臨時加開討論次數。其主要是針對其他二小組所提出的需求或建議進行回應，並進行跨單位間的合作協調。雖然這個小

組看似工作量極小，但它的功能十分吃重。因為每一個非營利組織都有它成立的使命和目標，因此 CEO 如何看待其他小組提出的相關需求與建議，牽動著非營利組織本身經營、執行與修正；而非營利組織的內部決策將直接影響援助服務工作的進行，為了讓平臺功能可以被真正落實，這個小組是真實且必要的存在。因此，只要有意願發展災害管理相關服務的非營利組織最高主管，都是高度被期待可以邀請到的對象。

2. 援助服務工作小組

這部分主要的受邀對象會希望是非營利組織內部主要負責災害業務的工作者，尤其是非營利組織總會的災害援助服務實際負責人，因為他們直接負責組織各項援助服務經驗的彙整與分析，若能彼此交流學習，不管是對於災害管理專業知能的累積，或是實務服務品質的提升都有很大的助益。加上非營利組織的災害援助服務工作推動，其實不是只有對外的工作，還包含組織內部人員的培力，而這部分的業務其實也都是由主責災害服務的工作者所負責，因此這個小組同時也肩負有提供組織內部培訓及知能開發的功能。當有越來越多的非營利組織工作者能在彼此認可的基本工作模式上發展自我的服務後，後續若遇災害，協力分工的因難度就會降低，有利於災害服務的執行。這組每年聚集討論的次數也會是三組中最密集的，1 年至少要有 4 次，才能真正讓參與成員可以熟悉彼此的工作文化和溝通模式，使得後續服務可以更有效的合作與分工。

3. 新知／研發組

這組主要是負責將因著科技發展和國際脈動而來，對於災害管理相關業務的相關知能、產品或技術，介紹給參與的非營利組

織成員，再讓成員把相關的新訊息帶回組織內去運用與發展，同時也肩負媒合國際交流的功能。由於臺灣在國際社會的參與上，一直受到不小的阻礙，即便是在人道援助與氣候變遷的議題上，也會遭遇相同的困境，因此如果能有一個對話交流平臺來協助引薦，對於臺灣在發展和推廣災害管理服務上會有很大的幫助。

最後，要提醒的是雖然非營利組織多數會面對較高的工作人力流動率，但若能讓代表組織出席的工作者是相同的人，則可更有效地與其他單位發展出較深厚的合作基礎，有利各項服務的推動。

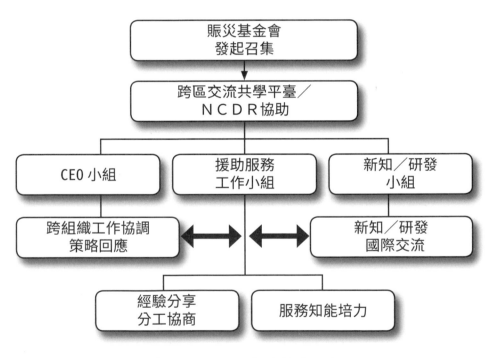

圖 10.2　跨區交流共學平臺

資料來源：作者整理。

（二）單一地區交流共學平臺

單一地區交流共學平臺，設定的主要參與對象是在地中小型的非營利組織與在地的草根組織（社團），其所欲交流共學的軸線是設定在單一地區規模的災害相關服務之上。這個平臺基本上也會分成三個小組：1.防／備災小組、2.應變小組，與 3.復原重建小組來進行，參與的單位可以根據他們自己設定的災害援助服務項目，選擇合適的組別參與。同時，這個平臺亦應邀請地方的公部門（地方政府與鄉鎮市區公所）參與，因為它們負有法定災害服務的職責，若能在平日就與相關的非營利組織及草根組織（社團）相互協作，將有助於它法定權責的落實。

1. 防／備災小組

這個組別首重平時防／備災工作的相關業務。例如如何與在地草根組織／社團配對、協力草根組織／社團進行防災計畫的擬定、災害協力工作人力的培訓，和協力當地政府辦理各項災防演練。小組成員會就他們既有的經驗進行交流與共學，同時藉由這樣的互動機會來理解彼此的服務範圍和主軸服務對象，也讓在地的非營利組織可以有機會進行在地資源盤點，並發展與非營利組織在災害發生時可以快速對接的規劃，讓有限的人力和資源做最佳的配置，不至於在災害發生後，只能依賴災區本身草根團體的量能來服務，進而減少資源錯置的可能。例如有地區湧入數個非營利組織協力，但有些地區雖然同樣受災，卻可能無人聞問的窘境。當災情發生時，草根組織本身也可能受創嚴重，無法完全發揮它原有的功能，但若能有一路相伴培力的非營利組織可以迅速對接，不僅可以提供立即的協助，同時也因著平日互動所建立的

互信與理解，能讓服務更貼近災民的需求，達到最合宜的服務輸送效果。由於是著眼於平日的防／備災工作，因此以每季一次的聚會頻率會比較可行。

2.應變小組

這組會針對安置服務的相關事務（含物資管理）進行共學與交流，因此適合有志發展安置服務相關工作的非營利組織和草根組織／社團來參與。由於安置服務的工作不僅牽涉到服務本身所需要的知能與技術，同時也牽涉到組織內部人力配置的議題，因此這組議題討論的層級設定相對複雜，需要較多的互動，讓所有有意願發展安置服務的單位都能真正理解對方的能量和可能提供的服務，以求在災害發生後可以找到最大公約數，來互補有無，讓災民都可以得到最合宜的協助。因此每季聚會一次的形式，會是比較好的設定。

3.復原重建小組

這個小組關注的焦點在於災後的復原重建工作，參與成員自然就會是有志投入災後復原重建工作的非營利組織／草根組織。由於復原重建事務所牽涉的面向極廣，從心理復原到經濟復原皆是，因此需要最多的時間來討論交流與共學。同時，復原重建基本上都不會是短時間就可達成的，因此對於相關資源開發與網絡的建置也會是這組的工作焦點。再加上隨著復原重建階段的推移，參與其中的各單位也都需要針對自己的角色與功能做出相對應的調整，因此有關組織經營與管理的議題，也會是這個小組探討的軸線。也因為它所牽涉的議題複雜且多元，比較好的設定是每2個月聚會一次，每次針對不同的議題進行相關的經驗交流與新知共學，才能真正發揮平臺的功能。

雖然這個平臺最初是由具備公法人身分的賑災基金會擔任主要的召集人，但在平臺運作穩定之後，應由參與的非營利組織成員相互輪值，共同承擔。透過相互輪值，一方面非營利組織可以更加了解如何與夥伴團體對話與協商，彼此也更能體會與同理在決策分工上的不易，讓災害援助服務的合作可以順利進行；另一方面，就臺灣所面對的各項災害風險來說，任何的地點都有可能受災，每個組織本身亦可能因受災而停擺，因此每一個非營利組織應該都要能夠在有需要的時刻承擔起協調者的角色，而要成為一個被信任的協調者則有賴於平常工作經驗的累積。

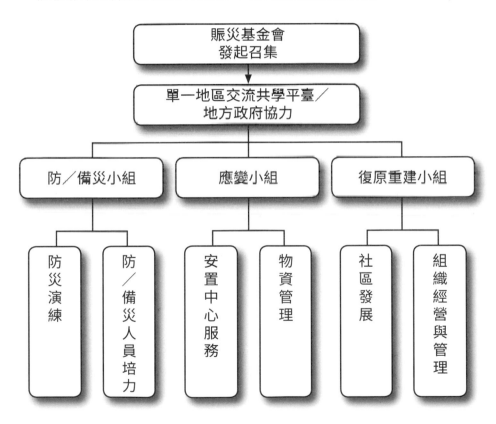

圖 10.3　單一地區交流共學平臺

資料來源：作者整理。

三　小　結

　　災害的發生往往是不可預知且會重複出現的，因此災害援助的行動和措施都不會是單獨存在的。每一個災害援助的階段都是相互效力、互相扶持；都希望可以為下一次不可避免的災害發生時做出減緩衝擊的貢獻，進而期待整個社會國家可在一次次災害影響下，堅定緩步朝向永續發展的目標前進。為了要達到這樣的目標，有意願投身在相關服務的非營利組織就必須要做好隨時上場協助的準備，經由集體合作的力量，將災害的衝擊降到最低。尤其是在臺灣，我們是置身在災害高風險的地區，面對災害，沒有人是局外人，唯有緊密的合作，才能讓因災害而造成的生活、生計與生態影響降到最小，讓在這島嶼上的所有人可以一起在 21 世紀持續向明天邁進。

——❧ 附　錄 ❧——

一、環球計畫（The Sphere Project）

https://www.spherestandards.org/handbook-2018/

二、災害防救法

https://law.moj.gov.tw/LawClass/LawAll.aspx?PCode=D0120014

三、災害防救法施行細則

https://law.moj.gov.tw/LawClass/LawAll.aspx?pcode=D0120021

四、農業天然災害救助辦法

https://law.moj.gov.tw/LawClass/LawAll.aspx?pcode=M0090019

五、水災災害救助種類及標準

https://law.moj.gov.tw/LawClass/LawAll.aspx?pcode=J0110032

六、聯合國 2030 永續發展目標（2030 Agenda）

https://www.undp.org/sustainable-development-goals

七、防災士簡介與培訓

https://pdmcb.nfa.gov.tw/dp/intro

❧ 參考資料 ❧ ──

國家災害防救科技中心編譯（2015）。《2015 ～ 2030 仙台
減災綱領》（繁體中文版）。 Retrieved from https://
www.ncdr.nat.gov.tw/Files/News/20151008150054.pdf
(01/16/2019)

United Nations (2015). Sendai Framework for Disaster Risk
Reduction 2015-2030. Retrieved from https://www.
preventionweb.net/files/43291_sendaiframeworkfordrren.pdf
(01/16/2019)

Alrein P. Wajong (2017). What is disaster management cycle?
Retrieved from https://www.quora.com/What-is-disaster-
management-cycle (01/12/2019)

Carter, W. N. (2008). Disaster management: A disaster
manager's handbook. Retrieved from https://www.think-
asia.org/bitstream/handle/11540/5035/disaster-management-
handbook.pdf?sequence=1 (01/03/2019)

Corina Warfield (n.d). Disaster Management Cycle. Retrieved
from https://www.gdrc.org/uem/disasters/1-dm_cycle.html
(12/22/2018)

The Do No Harm Handbook (2004). Retrieved from http://www.
globalprotectioncluster.org/_assets/files/aors/protection_
mainstreaming/CLP_Do_No_Harm_Handbook_2004_
EN.pdf (01/19/2019)

UN News (2018). Disasters: UN report shows climate change causing 'dramatic rise' in economic losses (10/10/2018). Retrieved from https://news.un.org/en/story/2018/10/1022722 (01/20/2019)

The World Confederation for Physical Therapy (WCPT). What is disaster management? Retrieved from https://www.wcpt.org/disaster-management/what-is-disaster-management (12/20/2018)

李香潔、張歆儀、莊明仁、李欣輯、李中生、李沁妍、蘇昭郎、林李耀、陳宏宇，國家災害防救科技中心（2015）。〈從仙台減災綱領檢討未來防減災之規劃方向〉。Retrieved from https://www.researchgate.net/publication/316266904_congxiantaijianzaiganglingjiantaoweilaifangjianzaizhiguihuafangxiang (01/17/2019)

United Nations Office for Disaster Risk Reduction (2017). Retrieved from https://www.unisdr.org/we/inform/terminology (01/05/2019)

United Nations (2009). 2009 UNISDR Terminology on Disaster Risk Reduction. Retrieved from https://www.unisdr.org/files/7817_UNISDRTerminologyEnglish.pdf (05/22/2019)

——❧ 謝　誌 ❧——

　　這本書的撰寫與完成，除了感謝所有共同撰寫人之外，更要感謝許多默默在援助與重建路上努力的團體與夥伴：慈濟基金會、中華家庭暨社區展望協會、家扶基金會、中華民國紅十字總會、至善基金會、世界展望會等，沒有他們10年來的堅持與陪伴，就沒有可以引以為據書寫的素材。也要謝謝李欣玫、林家緯、朱建霖、杜承嶸、年秀玲及其他許許多多選擇不露出身分的社區工作夥伴，因為大家的協力與支持，這本書才得以被書寫完成。同時在此也要對在編審過程中提供寶貴意見的委員們：陸宛蘋、全國成、常法法師（法鼓山基金會）、王運敬（慈濟基金會執行長辦公室主任）、魏淑貞（慈濟基金會執行長辦公室專員）致上最深的謝意。最後要感謝財團法人賑災基金會所有的工作同仁，不辭辛勞地與作者群溝通與協調，讓這本書可以付梓，為臺灣的非營利組織災害援助服務留下一點點的足跡與印記。

長榮大學社會工作學系助理教授

謝祿宜

2019.06

國家圖書館出版品預行編目 (CIP) 資料

非營利組織災害援助服務：從零開始 / 謝祿宜，
胡詠新，李祈恩，陳皇廷，吳秉翰，黃盈豪，財
團法人賑災基金會合著. -- 第一版. -- 新北市：
風格司藝術創作坊出版；[臺北市]：知書房出版
發行, 2022.10
　　面；　公分.
　　ISBN 978-986-5493-43-1(平裝)
　　1.CST: 非營利組織 2.CST: 災難救助 3.CST: 災
害應變計畫

546.7　　　　　　　　　　　111016472

非營利組織災害援助服務
──從零開始

作　　者：謝祿宜、胡詠新、李祈恩、陳皇廷、吳秉翰、黃盈豪、財團法人賑災基金會 著
責任編輯：苗　龍
編輯委員：王運敬（財團法人中華民國佛教慈濟慈善事業基金會）（依姓氏筆畫排序）
　　　　　全國成（財團法人基督教芥菜種會）
　　　　　林志瑽（財團法人賑災基金會）
　　　　　陳宗良（財團法人賑災基金會）
　　　　　常法法師（財團法人法鼓山佛教基金會）
　　　　　陸宛蘋（財團法人海棠文教基金會）
　　　　　魏淑貞（財團法人中華民國佛教慈濟慈善事業基金會）
發　　行：知書房出版
出　　版：風格司藝術創作坊
　　　　　235 新北市中和區連勝街 28 號 1 樓
　　　　　電話：(02) 8245-8890
總 經 銷：紅螞蟻圖書有限公司
　　　　　台北市內湖區舊宗路二段 121 巷 19 號
　　　　　電話：(02) 2795-3656　傳真：(02) 2795-4100
　　　　　http://www.e-redant.com
版　　次：2022 年 10 月初版　第一版第一刷
訂　　價：300 元